はじめて学ぶ
保険のしくみ
第3版

家森信善 編著 浅井 義裕・小林 毅・林 晋 著

Risk&Insurance

中央経済社

第3版によせて

　生命保険や損害保険は，専門用語も多く，理解が難しいことも多いですが，私たちの生活になくてはならない身近な金融商品です。金融経済教育推進会議　（事務局：金融広報中央委員会）が作成している「金融リテラシーマップ」では，保険に関して，「自分自身が備えるべきリスクの種類や内容を理解し，それに応じた対応（リスク削減，保険加入等）を行うことができる」ことを目指すべきだとしています（大学生や社会人の場合）。まさに，これは本書が目指していることです。

　本書は，2015年に刊行した『はじめて学ぶ保険のしくみ＜第2版＞』の改訂版です。もちろん，保険のしくみの根本的な部分に変化はありませんが，経済社会の変化に応じて，保険市場のあり方も変わらなければなりません。また，長寿化の進展やIT技術の進化，サイバーリスクの顕在化などに伴って，保険が対処すべきリスクも多様化しています。

　金融庁は，「長寿化等の社会環境の変化に対応して，認知症の発症に備える認知症保険，シェアリングビジネス事業者向け自動車保険，インターネットから加入できる自転車保険等の保険商品が開発されている。また，デジタライゼーション等の進展に対応して，健康状態等の計測結果に基づいて保険料を割り引く保険，テレマティクス技術を用いた自動車保険付帯サービス，安全運転サポート車（サポカー）等の自動ブレーキ搭載車の保険料を割り引く自動車保険等が開発されているほか，IT企業と提携の下，スマートフォンアプリ上で簡易に加入できる短期の保険が開発される等，他業態との共同開発も進展している。」と最近の動きを総括しています（『平成29年度　金融行政方針』）。

　この第3版では，そうした新しい動きを受けて，「はじめて学ぶ」初学者の皆さんに説明しておきたいと私たちが考える項目を新たに盛り込んだり，従来の説明を改訂したりすることにしました。たとえば，制度

共済と少額短期保険業（第4章），顧客本位の業務運営（第5章），保険ショップなどの販売チャネル（第7章），トンチン年金などの最近関心を集めるようになった生命保険商品（第8章），インシュアテック（第10章，第14章），時代のニーズに応じて開発された保険商品（第11章），高齢社会の中での保険の役割（第15章）などについて，説明を追加したり，説明を補足したりしています。

　そのほか，統計情報の更新や制度変更に伴う説明の改訂なども行いました。もともと本書は初学者のためのテキストでしたが，今回の改訂では，生活者が保険をいかに利用するかという観点をより明確にして，テーマの選定や説明の仕方を工夫しています。本書を勉強して保険リテラシーの高い社会人になってもらうことを期待しています。

　最後になりますが，本書の刊行に際しては，これまで同様，中央経済社の納見伸之氏に大変にお世話になりました。記して感謝します。

　　2020年3月

神戸大学教授

家 森 信 善

　本書は，はじめて保険について学ぶ人を対象にして，現代の保険について最低限知っておくべき問題を厳選して，やさしく説明しています。

　保険という用語を聞いたことがないという人はいないでしょう。たとえば，自動車を運転するなら自動車保険に入っている人が多いでしょうし，海外旅行をする際に海外旅行保険に加入した人もいるでしょう。自動車事故を起こしたら保険金が支払われるといったことは何となく知っているものの，たとえばその保険料がどのように決められているのかといったことは，詳しくは知らないというのが普通でしょう。

　金融商品の基本は，銀行預金，証券，保険ですが，保険は最も内容が複雑な金融商品だといえます。実は，約100年ぶりに保険法（商法の中の保険関連の部分）が見直され，2008年に新しい保険法が制定されました。その際，従来の法律では，「保険」が定義されていなかったので，保険法に保険の定義を加えることが検討されました。しかし，法制審議会と金融審議会のいずれにおいても，保険の定義を一義的に定めることは困難であるとの判断になり，「保険」そのものは法律で定義されないことになりました。それほど保険は多様で複雑な仕組みなのです。したがって，皆さんが「保険」についてうまく説明できないのは当然なのです。

　本書の内容は，はじめて学ぶ人を前提にしていますので，専門家でも意見が分かれるような難しい問題に深入りすることを避けました。こうした問題を軽視するつもりはありませんが，私たちの普通の生活に必要な保険に関する知識を学べるようにするという，実用主義的なスタンスをとることにしました。そのため，本書でカバーする範囲も大学の半期の講義で十分に消化できる分量に限定しました。この初学者にフォーカスを当てた基本スタンスが，本書の特徴の第1です。

本書の第2の特徴は，説明の裏付けが与えられるように，最新の統計データを利用している点です。保険の原理を説明するには，理論展開だけでも良いのですが，現実に起こっている問題にどう表れているのかを理解することが重要だと考えるからです。

　第3に，複雑な保険現象をできるだけ明確に理解してもらうために，経済学的なロジックを使って説明する姿勢をとったことです。これは，編者をはじめ執筆者が経済学者だということが大きな理由ですが，事柄の本質を理解するうえで有益だと信じています。

　第4に，保険を金融の枠組みの中で捉えようという姿勢も本書の特徴であると思います。したがって，さまざまな箇所での説明において，銀行や証券会社との比較が出てきます。金融業の融合化が進んでおり，保険ビジネスと証券ビジネスの境は曖昧になってきました。大手の金融機関も金融コングロマリット化し，保険会社と銀行や証券会社との垣根も低くなってきました。こうした現実を反映して，保険を金融の枠組みで捉えることの妥当性は高まっていると思うからです。正直にいえば，金融論から保険研究にアプローチする編者のような研究者にとっては，これ以外のスタイルで執筆できないのですが，保険よりは馴染みのある銀行や証券と比較しながら説明することから，シナジー（相乗）効果が得られるだろうと期待しています。

　本書の執筆者である小林毅，浅井義裕氏とは，海外の雑誌を含めて保険分野の研究論文を共同で発表してきました。この数年は，編者が座長を務める（財団法人）生命保険文化センター主催の「生命保険に関する実証分析研究会」で密度の濃い共同研究を進めてきました。もう一人の執筆者の林晋氏はその研究会の事務局を務めてもらっていました。また，2008年度に名古屋大学経済学部で初めて開設した保険論の担当講師を，編者とともに務めていただき，保険論を経済学部の学生に教えるにはどうしたらよいかを議論してきました。本書が円滑に刊行できたことも，

同研究会の成果の1つです。日頃からの厚いご支援に関して，生命保険文化センターに深くお礼を申し上げる次第です。

　本書の刊行に際して，冨村圭氏（名古屋大学大学院生）および石井均氏（名古屋大学研究員）の協力を得ました。また，中央経済社の納見伸之氏には，いつものように迅速に編集作業をしていただきました。皆さんの協力に記して感謝します。

　　2009年3月

名古屋大学教授

家 森 信 善

目　次

第4章
現在の保険制度

第5章
保険契約者の保護

第6章
金融機関としての保険会社

第7章
保険会社の経営課題

第11章
その他の保険

第12章
社会保険

第13章
年　金

第14章
新しい保険の登場

第15章
私たちの生活設計と保険

第1章

くらしの中の保険

　現代社会は，少子高齢化による社会構造の変化やIT技術の発達などにより，社会の仕組みが高度化・複雑化してきています。それに伴って新しいリスクが増えてきているだけでなく，それらのリスクが複合化・複雑化し，いままでの常識の範囲でリスクに対する被害を予測することが難しくなってきています。つまり現代社会はさまざまなリスクに脅かされているということができます。その中でも，私たちが生活するうえでのさまざまな活動に深刻な影響を及ぼすリスクは経済的な損失です。そのため，それらのリスクによる損失を補う手段として，保険の役割がますます重要になってきています。

　この章では，まず，保険が皆さんの生活にとって非常に身近な存在であることや，保険に関する知識が社会に出ればすぐに必要になること（実は大学生の間にも必要です）を説明します。そして，リスクへの対処方法は保険だけではないので，他のリスク対処方法と保険との違いについても説明します。本章の最後では，保険が対処するリスクについての概念や種類，およびリスクに関連する基礎的な用語を説明します。

1.1　生活の不安と経済的な対処

　本書の読者の多くは，将来についての大きな希望を持って，大学で勉強している学生さんだと思います。しかし，大きな希望を持っていても，それが実現できるかどうかに不安になることもあると思います。たとえ

ば，難関の国家資格を取って活躍することを夢見ている方も本当に試験に合格できるかどうか不安を感じる時もあるはずです。その不安はいろいろな理由で生まれます。その1つは，何らかの理由で経済的な問題が起こり，勉強を続けることができず，就職しなければならなくなることでしょう。また，大学を出て就職した後も，現在のように変動の激しい社会では安心できません。突然，自分の勤めている会社が倒産してしまって，収入が得られなくなってしまうこともありうるからです。

　こうした不安は，将来何が起こるかわからないという不確実性から生まれます。当然，年齢や職業などの個人的な状況によってさまざまな不安があります。図1−1は，内閣府「国民生活に関する世論調査」で，「日頃の生活の中で悩みや不安を感じている」と回答した人にどのような点で不安を感じているかを尋ねた結果です。「18〜29歳」の回答では，「自分の生活（進学，就職，結婚など）上の問題」と「今後の収入や資産の見通し」が大きな悩みで，（中高年や高齢者も含めた）全体を見ると，「老後の生活設計」や「自分の健康」が最も深刻な悩みになってい

図1−1　　　**日頃の生活の中で悩みや不安を感じている問題**

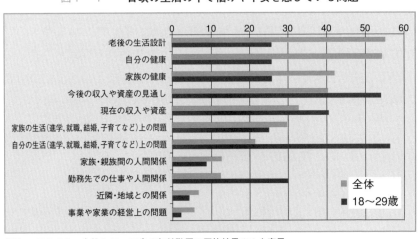

(注)　ここでは，全体と18〜29歳の年齢階層の回答結果のみを表示。
(出所)　内閣府「国民生活に関する世論調査」（2018年調査）。

ます。

　こうした不安や悩みはすべて経済的な手段で解決できるわけではありませんが，たとえば「老後の生活設計」の問題はかなりの程度，金融資産の保有や年金によって解消できます。健康問題であっても，健康そのものは経済的に解決することはできませんが，たとえば，治療費用の負担や病気のために働けず収入が途絶することなどの経済問題は，医療保険や失業保険などの形で経済的に対処することができます。

1.2　不安を減らすための方法

　突然の病気について考えてみましょう。生命保険文化センターが実施した「生活保障に関する調査（2019年度）」によると，「ケガや病気により健康を害することについて，どの程度不安を感じていますか」という問いに対して，「不安を感じない」と回答した人は9.8％にすぎず，残りの約90％の人が強弱はあるものの健康に不安を感じています。

　病気になるというリスクに対してどのように対処したら良いでしょうか。まず，病気にならないように，日頃から運動したり，暴飲暴食を避けたりすることが大切ですし，定期的に健康診断を受けることも効果的でしょう。このようにリスクの発生の可能性を下げる活動がリスクコントロールです。（1.5でもう一度概念を整理します）。

　ただ，どんなに健康に気をつけても病気になってしまうことはあります。そのために，病気になってしまった時に，医療費を支払ったり，収入が減ったりする間の生活を維持したりするための資金を用意しておくことが必要です。こちらをリスクファイナンスと呼びます。たとえば，入院した時に備えて貯金をしておくことや，入院した時に保険金を受け取れるような保険に加入しておくことが考えられます。

1.3 リスクに備えるうえでの保険と貯蓄の違い

　本書では，リスクに備える経済的な手段としての「保険」について詳しく説明していきますが，上で述べたように突然の病気に経済的に備える手段は，保険だけではありません。たしかに，「病気や災害への備え」なら，医療保険や地震保険などがありますし，「老後の生活資金」なら，年金保険などが「保険」としてありますが，表1−1によれば，実際に，多くの世帯が，「老後の生活資金」や「病気や災害への備え」として貯蓄をしていることがわかります。つまり，貯蓄が十分にあれば，生活するうえで直面するさまざまなリスクに対する備えになります。

表1−1　　**貯蓄の保有目的**

（単位：％）

	全体	世帯主20歳代
病気や不時の災害への備え	61.1	35.0
こどもの教育資金	30.1	57.5
こどもの結婚資金	5.6	5.0
住宅の取得または増改築などの資金	11.7	30.0
老後の生活資金	65.6	22.5
耐久消費財の購入資金	15.4	25.0
旅行，レジャーの資金	13.7	40.0
納税資金	6.0	2.5
遺産として子孫に残す	7.0	0.0
とくに目的はない	20.7	22.5
その他	4.9	5.0

（注）　金融資産の保有目的として，3つまでの複数回答可。金融資産保有世帯の計数。
（出所）金融広報中央委員会「家計の金融行動に関する世論調査」（2018年）。

　もちろん，貯蓄と保険の間にはさまざまな違いがあります。とくに重要なのが，ただちに保障ニーズに応えられるかどうかという点での相違です。リスクに備えるだけの貯蓄をたくわえるためには，長い年月が必要です。一般的に，若いうちは貯蓄も十分ではなく，生活するうえで直面するさまざまなリスクに対応できない可能性が高いです。

　たとえば，世帯主が若い時期に亡くなってしまった場合，残された家族が，その後生活していくのに，十分な貯蓄が準備できていることは稀でしょう。保険ですと，加入した瞬間から高額の保障を得ることができます。そのため，小さな子供のいる若い世帯主の家計は貯蓄ではなく保険商品を購入することでリスクに備えることになります。

　このように保険と，貯蓄や他の金融商品の特徴をよく知ったうえで，個々人の事情や目的に応じた備えとしてそれぞれを使うことが必要なのです。本書で保険についてよく学ぶことは，そのための第一歩です。

1.4　生活に浸透している保険

　読者のほとんどは，保険のことを本格的に勉強するのは初めてだと思いますが，保険という用語を聞いたことがない人はいないでしょう。

　実際，生命保険文化センター「生命保険に関する全国実態調査」（2018年）によると，調査対象の家計の88.7％が，生命保険（個人年金保険を含む）に加入していますし，自動車や原動機付自転車を保有する場合，自動車賠償責任保険（第10章参照）に加入することが義務づけられています。さらに，純粋な民間保険ではありませんが，ほぼすべての国民が国民健康保険などの社会保険（第12章参照）や国民年金（第13章参照）に加入しています。このように，現代の日本社会で，保険に無縁で暮らしている人を探すのが難しいほど，保険は私たちの生活に浸透しています。

生活のあらゆる場面で保険が関係しますので，保険の知識があるかないかで皆さんの生活に大きな影響が出る可能性があります。いくつか例を挙げましょう。

　日本では，20歳になると，国民年金の被保険者となり，保険料の納付が義務づけられています（第13章参照）。しかし，お金がなくて保険料を納付するのが難しい人がいるでしょう。このとき，何の申請もせずに保険料を未納にするのと，「学生納付特例制度」を利用するのとでは，大きな違いがあります。学生納付特例制度とは，申請により在学中の保険料の納付が猶予される制度です。両者は保険料の支払いを行っていない点では同じですが，学生納付特例制度を利用すれば，一定の保障を受けられるのです。

　たとえば，学生納付特例制度の承認を受けている期間中に重篤な障害を負った場合には，保険料を納付している場合と同様の障害基礎年金を一生涯にわたって受け取ることができます。しかし，特例制度利用の申請をせずに単に未納にしていた場合には，障害基礎年金を全く受け取れません。年金制度についての少しの知識があって，手間を惜しまないで申請することで，皆さんの生活のリスクを下げることができるのです。

　次に，火災保険の例を考えてみましょう。自分の家を手に入れるのは人生の大きな夢の1つです。表1-1に示したように，住宅を購入するために多くの人が貯金に励んでいます。手元の資金に加えて住宅ローンを組んで購入した家に入居したばかりの人がいるとします。不幸にも，入居後すぐに，火事でその家が焼失してしまったらどうなるでしょうか。家が焼失しても住宅ローンの支払いは残りますし，仮住まいのための家賃も必要となります。つまり，借家に住みながら住宅ローンの支払いを続けなければならず，苦しい生活をおくることになります。しかし，火災保険に加入していたら保険金を受け取って，もう一度新しい家を建てることができます。少しの火災保険料を支払っておくことで，破滅的な状況を避けることができるわけです。

　最後に，税金の話をしましょう。会社に勤めると，年末に所得税の源泉徴収に関連して「年末調整」が行われます。その際に，会社から皆さんに保険料控除のために必要な書類を提出するように依頼があります。その必要書類（証明書）は，加入した保険会社から皆さんにあらかじめ送付されてきています。この手続きをすることで，（一定の条件を満たす）保険に加入している人は，納税額を少なくすることができます。税金が安くなることまで考えて，保険のコストを考えないといけないわけです。また，多くの皆さんにとってはまだ関心が薄いかもしれませんが，遺産として相続する銀行預金と比べると，遺族が受け取った生命保険金に対しては相続税上の有利な取り扱いが行われています。本書では詳しい説明はしませんが，将来，納税の面から保険の知識が必要な時が来るかもしれません。

1.5　リスク

1.5.1　リスクの概念

　日常生活における私たちの活動では，さまざまなリスクに遭遇し，「予期しない事態が起こる」，「予期したとおりの結果にならない」など予定したとおりに進まないといった不確実性がともなっています。たとえば，隣家からの類焼や落雷，居眠り運転・無謀運転などの対向車からの衝突など，本人が注意していても予防や回避が難しく，被害にあった場合に経済的な損失が発生するリスクもあります。

　本書では，不測の事態（偶然による事故）により，経済的不利益または経済的損失が発生する可能性のことをリスクと呼ぶことにします。

1.5.2　リスクの種類

　リスクの区分については，いろいろな観点から整理することができま

すが，本章では保険との関わりの強いリスクの種類を示すことにします。

① 純粋リスク

　純粋リスクとは，経済的不利益や損失のみが発生するリスクのことをいいます。火災によって家屋が焼失したり，自動車事故で負傷して入院したりなどといったリスクのことです。これに対し，賭け事や株式投資は損をすることがある一方，大もうけの可能性がある，損得両方の可能性をもつリスクで，投機的リスクと呼んでいます。

　なお，純粋リスクは対象とするリスクによって，人的リスク，物的リスク，責任リスクに区分することができます。人的リスクは人の生死に関するリスク，物的リスクは財産の損失に関するリスク，責任リスクは人または物に対する損害賠償責任に関するリスクのことです。

② 静態的リスク

　静態的リスクとは，社会や経済の変動に起因しないリスクのことをいいます。台風や火災，死亡，疾病，傷害などで，リスクの発生件数が多くて，統計的なデータとして集めやすく，確率計算が容易なリスクです。上で説明した純粋リスクがそれにあたります。

　これに対し，政変や暴動，戦争や，株価の暴落など，発生件数は少なく，発生頻度にムラがあり発生する場所が地域的に偏っているなど，統計的な把握が困難なリスクのことを，動態的リスクと呼んでいます。

③ 普遍的リスク

　普遍的リスクとは，危険事故の存在が一般的に認識されていて，その発生率の統計的整備も進められていて，偶然的出来事の発生率が計測可能なリスクです。たとえば，火災や台風，自動車事故，人の死亡などといったリスクが該当します。

　これに対し，地震，噴火，放射能汚染，戦争といった危険事故は，こ

れまでの経験や蓄積が乏しく，発生率を計測することが難しいです。このようなリスクを稀有なリスクと呼んでいます。このようなリスクは不安といった主観的判断に個人差が出がちです。

1.5.3　リスク理解のための基礎概念

　リスクと密接に関係する概念として，ペリルとハザードについて説明します。図1‐2に，ペリル，ハザードとリスクの基本的な関係をまとめました。

　ペリル（危険事故）とは，経済的不利益または経済的損失をもたらす偶然の事故のことです。具体的には，火災，人の死亡，自動車事故などが該当します。

　ハザード（危険事情）は，ペリルの発生や損害の大きさを規定する要因（状態）のことです。建物であれば，木造か鉄筋・鉄骨かで火災の際，また自動車であれば，エアーバッグを装着しているか否かで衝突事故の際，それぞれの被害程度の可能性が異なります。

　ハザードは，フィジカル・ハザード，モラル・ハザード（道徳的危険），モラール・ハザード（心理的危険）の3つに分けられます。フィジカル・ハザードは，人や物が存在する物理的状態，事情などのことです。モラル・ハザードは，人為的で意図的な行為で，ペリルの発生や拡大の可能性に寄与する心理状態や，保険金目当ての放火や殺人などの犯罪を引き起こす可能性のことです。モラール・ハザードは，保険に加入する

図1‐2　ハザード，ペリル，リスクの関係

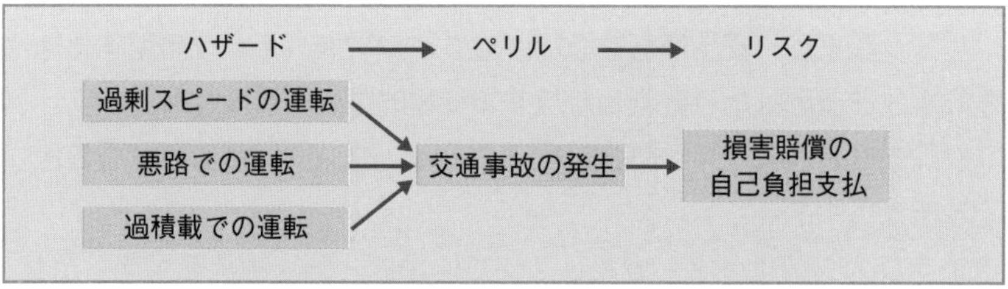

ことなどで，リスクに対して無関心にさせたり，緩慢にさせたりする可能性のことです。

　ただし，モラル・ハザードとモラール・ハザードの両方とも，保険契約の締結によって，事故率が上昇するように被保険者の行動が変化するという特徴を持っています。そのため，金融や経済の広い文脈ではモラル・ハザードとして包括されて議論されることが多いです。

　なお，日本の保険業界ではモラル・リスクという言葉がモラル・ハザードと同じ意味で用いられていますが，この言葉は和製英語です。

1.5.4　リスク・マネジメント

　人々はリスクの存在を認知したとき，そのリスクに対処するために，何もしないという選択肢を含め，何らかの意思決定の行動を起こすことになります。その行動として最適な対応手段を導き出す過程をリスク・マネジメントといい，そのためのリスク対応手段は次のとおりです。

①　リスクコントロール

a.リスク回避

　リスク回避は，自動車事故を起こさないために自動車の運転をしない，自動車に乗らない，といったリスク発生源から遠ざかる消極的な対応手段です。しかし，徒歩の場合は別の危険事故に遭遇する可能性が出てきますし，生活の利便性を犠牲にすることを勘案すると，実効性に乏しいことは明らかです。

b.リスク除去（軽減）

　リスク除去は，安全運転を心がけたり，シートベルトを着用するなど危険事故を予防したり軽減したりする積極的な対応手段となります。リスク除去はさらにリスク防止，リスク分散，リスク結合に分けることができます。

　まずリスク防止とは，火災リスクでいえば，消火訓練を実施したり，

建物を耐火構造に改築したりなど，リスクの発生頻度を下げるリスク予防処置，および初期消火が可能となるようにスプリンクラーを設置するなど，被害を少なくするリスク軽減措置をいいます。

　次にリスク分散とは，リスクを一箇所に集中させないように，リスク発生単位を複数化することにより，事故発生を一部に限定するように意図する措置のことです。たとえば，地震リスクに備え，計算センターを関東と関西に置き，地震時のバックアップを図る対応などです。

　最後にリスク結合とは，隣接する店舗が共同で駐車場を利用することにより駐車スペース不足にともなう売上機会の損失リスクを小さくするなど，リスク発生単位を結合させて母体を大きくすることで危険事故を吸収する措置のことです。

②　リスクファイナンス

　危険事故を完全に除去することは難しいので，危険事故による損失に備えた資金対策などのことをリスクファイナンスといいます。経済的損害が発生しても資金調達が確実に期待できれば経済的不安は解消されます。そのため，リスクファイナンスは危険事故を対象とするリスクコントロールに対して二次的な対応手段といえます。リスクファイナンスは，リスク保有とリスク移転に分けられます。

a.リスク保有

　リスク保有は，経済的損害が発生した場合のリスクへの準備として，貯蓄や準備金積立などにより個別的に資金を準備することをいいます。

b.リスク移転

　リスク移転は，自己の保有するリスクを他の経済主体に肩代わりしてもらうことです。その代表的な手段が保険制度の利用で，対価として保険料を負担することになります。不確定なリスクが確定的な費用に転化し不安が安心に変わることがリスク移転の最大の効用といえます。

1. 図1－1に示した人々がもつさまざまな不安について，経済的に緩和できる
   方法を保険や銀行預金以外にも考えてみましょう。

2. 海外旅行をすることになった場合，どのようなリスクがあり，どのように備
   えたら良いかを考えてみましょう。

3. 身近な人で，保険に入っていて良かったという経験がある人を探してみまし
   ょう。

第2章

保険の原理

　この章では，本書で保険を学ぶうえで基本となる保険用語を，保険事業と保険契約の２つの側面から説明し，保険の基本要素として抽出した５つの要素を説明します。さらに，大数の法則，給付反対給付均等の原則，収支相等の原則が，保険制度の根幹をなす基本原則であることを説明します。また，保険をマクロ経済的な観点から捉えると，「経済的保障・補償機能」や「金融機能」を担っていること，また，生命保険と損害保険とでは保険料の計算方法が異なることを説明します。

2.1　保険の基礎知識

　2.2（保険の基本要素）からの保険の説明を理解するうえで必要な基礎知識を簡潔に説明しておきます。

2.1.1　保険事業にかかわる基礎知識

　保険は，生命保険と損害保険，傷害・疾病保険の３つに分けることができます。このうち，生命保険は，人の生存または死亡に関して，あらかじめ約束した一定の金額（保険金）が支払われます。損害保険は，偶然な事故によって発生した損害に関してこれをてん補する保険金が支払われます。また，傷害・疾病保険は，病気やケガ，介護状態など，人の身体の障害に対して，あらかじめ約束した一定の保険金，あるいは発生した損害をてん補する保険金が支払われます。

なお，支払われる保険金の決め方からみると，定額保険と実損てん補保険の2つに区分できます。定額保険は，実際の損害額にかかわらず，あらかじめ契約時に取り決めた定額を支払う保険のことをいい，生命保険の場合の保険金の決め方です。一方の実損てん補保険は，発生した損害をてん補する金額を支払保険金とする保険のことをいい，損害保険の場合の保険金の決め方です。

　これらの保険は，保険業法によって，生命保険は第一分野の保険，損害保険は第二分野の保険，傷害・疾病保険は第三分野の保険として分類されています。このうち，第一分野と第三分野の保険は生命保険会社が，第二分野と第三分野の保険は損害保険会社が，それぞれ取り扱うことができます。つまり，第三分野の保険は，生命保険会社，損害保険会社のどちらでも取り扱うことができるということです。

　ちなみに，保険は公的保険と私的保険に分けることができますが，公的保険は，公共政策の実現を目的とした保険で社会保険が代表的です。一方の私的保険は，民営保険会社が一般の人々や企業と契約する保険がほとんどですが，保険会社同士で契約する保険もあります。その代表的な保険が再保険です。再保険は，保険会社が自社で引き受けた保険責任の一部または全部を他の保険会社（あるいは政府）に移転する保険のことです。再保険で他の保険会社にリスク分散することが可能となります。

2.1.2　保険契約にかかわる基礎知識

　保険契約にかかわる主要な当事者・関係者としては，保険者（保険会社），保険契約者，被保険者，保険金受取人が挙げられます。

　保険契約は，保険者と保険契約者の間で取り交わされる取引で，保険者が，被保険者に保険事故が生じたことを条件として保険給付（保険金の支払い）を行うことを約束し，保険契約者が，これに対して保険料を支払うことを約束する契約のことをいいます。

　なお，保険事故とは，死亡，病気・ケガ，火災，交通事故などの経済

的損害をともなう偶然による事故のことをいいます。

　保険者は，保険契約の一方の当事者で，保険給付（保険金の支払い）を行う義務を負うもののことをいいます。通常は保険会社のことです。

　保険契約のもう一方の当事者が保険契約者です。保険契約者は，保険料の支払義務を負いますが，保険の解約や契約内容の変更をすることなど契約上のいろいろな権利を持っています。

　被保険者は，①生命保険契約，②損害保険契約，③傷害・疾病保険契約でそれぞれ内容が違っています。

①　生命保険契約では，その人の生存または死亡に関し保険者が保険給付（保険金の支払い）を行うこととなっている人（保険の対象となる人）のことです。

②　損害保険契約では，損害保険契約によりてん補することとされる損害を受ける人（保険の補償を受ける人）のことです。

③　傷害・疾病保険契約では，その人の傷害または疾病に基づき保険者が保険給付（保険金の支払い）を行うこととなっている人（保険の対象となる人）のことです。

　保険金受取人は，保険給付（保険金の支払い）を受ける人として契約で定められた人のことです。たとえば，お父さんが死亡した場合に保険金をお母さんが受け取る保険契約なら，お父さんが被保険者で，お母さんが保険金受取人となります。

2.2　保険の基本要素

　本書では，社会保険と年金について扱っている第12，13章を除いて，原則として公的保険ではなく民営保険の生命保険と損害保険を対象として解説します。また，民営保険のうち損害保険分野で一般的な再保険は，プロ向けの保険であることから，除いて考えることとします。

保険は次の5つの基本的要素から成り立っています。

① 偶然的な事象（偶然的事象）

② 経済的損害の肩代わり（経済的損害のリスク移転）

③ 対価は合理的に計算された少額の確定費用（合理的·少額の確定対価）

④ 多数の経済主体の参加（多数の経済主体の結合）

⑤ 契約する制度（保険者との契約関係）

この要素を使って，保険を一文で表すと次のように表現することができます。

「保険とは，当事者の一方が，偶然的な事象により発生する大きな経済的損害を肩代わりし，他方が合理的に計算された少額の確定費用をその対価として支払うことを，多数の経済主体の参加を前提として契約する制度である。」（傍点部分が5つの基本的要素）

この5つの要素を基準にすれば，貯蓄や準備金積立といった経済的準備手段や，頼母子講（第3章3.4.1）や賭博などの類似制度から，保険制度を区分することができます。さらに，中世ヨーロッパに萌芽的にみられた冒険貸借（第3章3.1）などのリスク移転システムや，コレギア·テヌイオルム（ローマ帝政時代の庶民のための共済組合制度）などの相互扶助目的の諸制度と，保険制度の違いも理解できます。

次に個々の要素の内容を説明します。

① 偶然的事象

保険金受取人のうち，偶然的事象が被保険者に起こり保険給付を受けられる人と，それが起こらないで保険給付を受けられない人との間では，不公平があるようにみえます。しかし，契約した時点では，偶然的事象が起きるか否かは誰にも平等に機会があったわけです。

この偶然とのかかわりようは，損害保険と生命保険では範囲が少し異なっています。

　損害保険の場合は，a.発生の偶然性（発生するか発生しないか），b.時期の偶然性（損害がいつ発生するか），c.規模の偶然性（どの程度の大きさの損害が発生するか）の3つの偶然性があります。

　一方の生命保険の場合は，人の死亡（または生存）という事象について，いつ死ぬか（いつまで生きるか）という時期の偶然性だけがあります。人はいつか必ず死ぬので発生の偶然性はありません。また，人の生死に軽重の差はないので規模の偶然性もありません。

　いずれにしても，これらの偶然的事象が引き起こす経済的損害の大きさを，人が身近なものとして認識したときに，日常生活における不安を感じ，何らかの備えを講じようとします。その対応手段として，保険会社に対してリスク移転する手段を選ぶのが保険ということになります。

　なお，保険の限界としては，「偶然性の乏しい事象あるいは賭博目的のように悪用が防ぎにくい事象は保険対象とはなりにくい」ことが挙げられます。

②　経済的損害のリスク移転

　現代社会は，社会や経済の仕組みが高度化，複雑化し，損害発生の現れ方も多様化してきています。大きく分けると，収益源の喪失および損失源の発生として捉えることができます。

　収益源の喪失は，家屋や宝石といった有形財産の焼失・破損・盗難などのことです。生命保険における人の死亡は，財産の喪失そのものではありませんが，収益源の喪失と考えられます。

　損失源の発生は，他人にケガをさせて損害責任を負った場合などです。有形資産の喪失や生命・身体の毀損があったわけではありませんが，損害賠償が実行されれば大きな財産を失うことになるので，損失源の発生とみることができます。類似するものとして，焼失した家屋の後片付けのために要する費用負担は，家屋の焼失そのものがもたらす損害ではなく，火災に付随して発生する費用損害となります。

保険利用の目的は，こうした収益源の喪失，損失源の発生がもたらす経済的損害の発生に対する不安を除去することにあります。したがって，根底に経済的損害の発生が見込まれ，そしてそれにともなう不安の除去を目的とすることが保険の要素となります。利得を目的とせず，損害の補てんに備える限り保険の対象となります。

　なお，この点での保険の限界は，「保険会社（業界）の支払能力を超える巨大リスクは保険の対象となりにくい」ことが挙げられます。

③　合理的・少額の確定対価

　対価とは保険会社が行う保険金などの支払いといった保険給付に対応するもののことで，いわゆる保険料のことです。保険事故が発生しなかったために結果的に保険金が支払われなかった場合（いわゆる「掛け捨て」）でも，保険会社は保険料を「ただ取り」したわけではありません。保険会社が提供する保障という無形の保険給付と保険料とが対価関係にあり，かつ等価となっているためです。このことを給付反対給付均等の原則（2.3で詳述）といいます。この等価関係の成立する保険料が適正に計算されるためには，保障の対象となる保険事故の危険度を正確に把握する必要があります。その処理は数学的・統計的技術に大きく依存しています。

　なお，保険の限界としては，「数が少なく，信頼できる発生確率が統計的に計算できないリスクは，合理的な保険料の算定ができず，保険の対象となりにくい」ことが挙げられます。

④　多数の経済主体の結合

　保険の本質的機能はリスク移転です。保険契約が成立すると契約の対象となるリスクは保険会社に移転されることになります。保険契約者からリスクを移転された保険会社は，保険契約の期間中に保険事故が発生した場合に備えて，保険金受取人等に約束の保険金を支払う準備が必要

となります。つまり保険会社は，保険事故が想定したとおりに発生すると仮定して，保険料総額の収入と保険金総額の支出が均衡するように，収支の計算をすることが必要となります。収入と支出が相等しくなるように保険料を定めることを収支相等の原則（2.3で詳述）と呼んでいます。

　保険の特質は，同じような種類のリスクを保有し，かつそれを保険会社に移転させたいと願う保険契約者が，多数結合して１つの保険集団を形成することにあります。この保険集団は保険会社を中心として結果的に形成される保険技術上想定される集団にすぎません。その集団形成が大数の法則（2.3で詳述）を機能させ，保険事故発生率を安定化させるわけです。そして，保険契約者から払い込まれた個々の少額の保険料が，１つのまとまった大きな保険金支払原資として資金がプールされることになるわけです。この保険集団形成がもたらす保険事故発生率の安定化と資金プールの２点を備えることが保険の特徴といえるでしょう。

　なお，保険の限界としては，「保険料が適正でも，実際の加入者が少数しか見込めないときは，保険は成立しにくい」ことが挙げられます。

⑤　保険者との契約関係

　今日における保険の日常生活への浸透は，保険会社（保険者）と保険契約者とが契約関係にあることが大きく関わっているといえます。現代のような経済社会の中では，あらゆるリスクに対応しうる万能の手段を探し出すことは不可能といえます。現実的に可能なのは，リスク対応のニーズに応じて，保険会社の提供する商品の中から最適な商品を選んで契約を結ぶことです。

　多数の加入者が同じ商品を契約していますが，契約者同士は互いに無関心です。これは助け合いの精神（他人愛）ではなく，基本は自己愛です。そのためには，契約関係はすべての加入者に対して平等・公平でなければなりません。

有償契約である保険における公平性の最大のポイントは，リスクに対して負担する保険料の公平性にあるといえます。つまり同一リスクには同一の保険料率が適用されることを意味しています。

　そこで，保険会社は公平性を維持するために被保険者の健康状態などのリスクに関する情報に基づいて契約が適切かを判断していますが，これを危険選択と呼んでいます。保険対象物に付随しているリスクに関する情報は，一般に被保険者自身が最も良く知っているはずです。契約関係にある保険会社は知りえない情報です。このリスク情報の偏在を「リスク情報の非対称性」といいますが，保険制度では，契約に先立ち，被保険者自身が知っているリスク度測定に役立つ情報（＝重要な事実）を保険者に開示しなければならないという義務が設けられています。

　この義務を告知義務と称し，リスク情報の非対称性のバランス回復を図っています。被保険者が告知すべきことを知りながら故意または重大な過失により告知しなかったり，虚偽の告知をしたりした場合は告知義務違反となり，保険会社は契約を解除することができます。これは，重要な事実（リスク情報）が秘匿されたままでは，保険会社は，リスクの程度に見合った適正な保険料が得られず，少ない保険料で大きなリスクを負担することになり，結果として他の被保険者に損害を与え，制度運営の財政上の健全性を損なうことになるため，リスク情報を持っている被保険者側に特に重い義務を課したものとなっています。

　なお，保険の限界としては，「対等の契約関係が成立するのでなければ保険は成り立たない」ことが挙げられます。

2.3　保険制度の基本原則（技術的基礎）

①　大数の法則

　大数の法則とは，偶然に左右されるある試行において，少ない試行回数の場合，ある事象の発生率はその予測値に対してバラツキが大きくなりますが，試行回数を限りなく増やしていくと，その発生率が予測値に限りなく近づいていく法則のことです。サイコロを振ったときに1の目が出る確率の予測値は6分の1です。少ない試行回数では6分の1に近い結果には必ずしもならないことが多いのですが，試行回数を増やしていくと6分の1に近づいていきます。

　保険においては，保険料の計算基礎となる事故発生率（生命保険の場合は死亡率）は予測値なので，加入者の数が多いほど大数の法則が働き，実際の保険事故発生率が予測値に近づくことになります。

　ただし，大数の法則は，大きな集団になればなるほど予測値に近づくという性質のものにすぎず，何人以上の集団であれば大数の法則が働くといった境界線があるわけではありません。

②　給付反対給付均等の原則

　保険給付（保険金等の支払い）は保険事故が起きた場合だけ，保険会社から行われます。保険事故が起きなかった場合には保険給付は行われませんので，保険契約者からみると支払った保険料はいわゆる「掛け捨て」となります。したがって，保険料は，保険契約者にとっては保険給付そのものの対価ではなく，保険事故が起きた場合に保険会社が保険給付を行うという約束に対する対価ということができます。

　これを数式で表現すると次のようになります。

$$P = S \times r/n \qquad\qquad (1 式)$$

P：保険料，S：保険金，r：保険金受取人，n：被保険者数

　この右辺の　r/n　は保険事故発生率を意味することから，保険料P
は保険金Sに保険事故発生率を乗じて求められることがわかります。

　たとえば，被保険者（n）が10万人の集団の中で，保険金を受け取っ
た人（r）が200人だとすると，事故発生率（r/n）は0.002となり，これ
は保険金の単位当たりの保険料率となります。保険給付として約束した
保険金（S）を1,500万円とした場合，保険金額にこの単位料率0.2％を
乗じた3万円が保険料となり，これは発生率0.2％の危険の保障を引き
受けたことに対する対価となります。

　この（1式）で示された意義を給付反対給付均等の原則といいます。
したがって，給付反対給付均等の原則は保険会社と1人の保険契約者と
の対価関係を表した原則ということになります。

③　収支相等の原則

　（1式）の両辺にnを掛けると，次の式が導かれます。

$$n \times P = r \times S \qquad\qquad (2 式)$$

　（2式）は保険会社が保険給付として支払う保険金総額（右辺）と，
受け取る保険料総額（左辺）とが等しいということを意味しています。
この保険契約者全体でみた場合に，収入保険料総額が支払保険金総額に
一致することを収支相等の原則といいます。

　給付反対給付均等の原則の例で使用した数字でいえば，保険料（P）
は3万円となります。この保険料3万円とは，事故発生数が予測どおり
200人だった場合に，1人当たりの保険金1,500万円を支払っても，保険
会社の収支に過不足が生じない保険料として必要な額を意味しています。
仮に事故発生数が下回れば保険会社は黒字となり，逆に上回れば赤字と
なります。そうしたバラツキをより小さくするために加入者を多数集め

て大数の法則を働かせて，事故発生数が予定数に近づくようにする必要
があります。

2.4　保険のマクロ経済的役割

　保険企業は，個人や企業からリスク移転（負担）することを可能とす
るサービス財として，保険商品を市場に提供しています。一方の個人や
企業は，経済的リスクへの対応手段として経済的保障・補償を得るため
に，その保険商品を購入し，その対価としての保険料を支払います。保
険企業はさらに，保険取引によって蓄積された保険料を原資として保険
資産を運用します。その交換行為の集積から始まる経済活動によって，
保険はマクロ経済的に一定の役割を担っているということができます。
　これらの一連の経済行為を機能として抽出すると次の①，②のように
整理することができます。

①　保険契約に基づいて保険企業が負担する「経済的保障・補償機能」

　経済的リスクから生じる経済的な損失を除去することで，個人や企業
が経済的に安定します。そうすると家計の消費活動や企業の投資活動が
積極的になり，資源が効率的に配分されるようになります。
　たとえば家計で考えてみますと，日常生活の中では常に家計の収支バ
ランスが崩れる可能性が存在しますが，リスクの発生（たとえば，主た
る稼ぎ手の死亡）によりひとたび収支のバランスが崩れると，幸福な家
庭生活は根底から覆されることになります。そのことが，ひいては資源
配分の効率化を阻害すること（たとえば，能力のある子供が進学を諦め
ざるを得なくなること）になるわけです。

② 保険料を原資とする保険資産の運用による「金融機能」

保険企業は加入者から集めた保険料を運用する資産運用業務を通じて政府，企業，個人の各部門に対して資金を供給しています。

高度成長期から成熟期に入った今日の日本経済は，設備投資主導型から輸出主導型を経て消費主導型へと急速に転換しつつあります。このような経済構造の転換の中で，法人部門の大幅な資金不足が緩和に向かうとともに，海外部門や政府部門の資金需要が高まってきています。このため，保険会社に求められる金融機能も変わってきています。

なお，生命保険企業の場合は長期契約が多いので長期資金の提供者として，損害保険企業の場合は短期契約が多いので短期資金の提供者として，それぞれ特徴をもっています。

2.5 保険料の構造

① 保険料の構成

民間の保険会社が販売している保険商品は，保険金総額と保険料総額が一致するように，収支相等の原則に基づいて設計されています。このように計算された保険料を純保険料といいます。しかし，純保険料だけでは保険会社が事業運営していくことはできません。事業運営をしていくための諸経費が必要となりますので，その財源として保険契約者から付加保険料を徴収しています。

したがって，保険契約者が実際に保険会社に払い込む保険料は，保険金支払いのための財源となる純保険料に保険事業運営のための諸経費の財源となる付加保険料を加えたものです。この保険料を営業保険料といいます。つまり，営業保険料＝純保険料＋付加保険料，となります。

②　生命保険の純保険料

a.自然保険料と平準保険料

　保険期間が１年の死亡保険（保険期間中に被保険者が死亡した場合にのみ保険金が支払われる保険）では，死亡率は，一般に年を取るにつれて高くなるので，１年契約を毎年更新していくと，純保険料は毎年高くなっていきます。

　説明のために，表２−１のような死亡表を仮定して，健康な40歳の被保険者集団1,000人で構成している場合の５年定期保険の純保険料を考えてみましょう。なお，説明を単純化するために予定利率，予定事業費率の影響はないこととします。

　死亡保険金を100万円とした場合，各年齢における支払保険金総額を計算すると，次のようになります。

年齢		保険金		死亡者		支払保険金総額
40歳	⇒	100万円	×	２人	=	200万円
41歳	⇒	100万円	×	３人	=	300万円
42歳	⇒	100万円	×	４人	=	400万円
43歳	⇒	100万円	×	５人	=	500万円
44歳	⇒	100万円	×	６人	=	600万円

表２−１　　説明のために仮定した死亡表

年齢（歳）	①生存数（人）	②死亡数（人）	死亡率（②÷①）
40	1,000	2	0.002000
41	998	3	0.003006
42	995	4	0.004020
43	991	5	0.005045
44	986	6	0.006085

（注）死亡率は小数第７位を四捨五入。

各年齢での保険料は，収支相等の原則によって次のように計算することができます。

　まず，表 2 - 1 の死亡表によると，40歳の場合，1 年間に1,000人中 2 人が死亡し，その遺族に合計200万円の死亡保険金を支払うことになります。したがって，その保険金に相当する保険料として，（100万円× 2 ）÷ 1,000＝2,000円を負担すればよいことになります。

　同様に41歳から44歳までの負担する保険料を求めてみましょう。

　　　41歳での 1 人当たりの保険料　⇒　100万円× 3 ÷998≒3,006円

　　　42歳での 1 人当たりの保険料　⇒　100万円× 4 ÷995≒4,020円

　　　43歳での 1 人当たりの保険料　⇒　100万円× 5 ÷991≒5,045円

　　　44歳での 1 人当たりの保険料　⇒　100万円× 6 ÷986≒6,085円

　このように毎年の徴収する保険料と支払う保険金額とが相等しくなるように計算した保険料を自然保険料といいます。

　一方の平準保険料ですが，保険料払込期間中に支払う毎年の保険料が同じ額となるように計算した保険料のことをいいます。

　自然保険料の計算で使用した例と同じ設定で計算してみましょう。

　40歳から 5 年間の死亡者に対する保険金の支払予定額は，次のようになります。

　　　100万円× 2 ＋100万円× 3 ＋100万円× 4 ＋100万円× 5

　　　＋100万円× 6

　　　＝200万円＋300万円＋400万円＋500万円＋600万円

　　　＝2,000万円

　次に保険料払込みは，初年度は1,000人ですが，途中で死亡するため払い込む人が少なくなるので，その数を減じて 5 年間の延べ人数が求められます。

1,000＋998＋995＋991＋986＝4,970（人）

そこで，1人当たりの毎年払い込む保険料は，次のようになります。

2,000万円÷4,970≒4,024円

この計算例の自然保険料と平準保険料を図示すると図2－1のようになります。

平準保険料は，保険期間の前半で自然保険料よりも高く，後半で自然保険料よりも安くなります。全期間を通せば等しくなりますが，後半で保険料負担が軽くなるので，契約者にとっての効用は大きいといえます。

また，平準保険料では，保険期間の前半で余った保険料部分を運用して蓄えておき，後半で保険料の不足が生じたときにその蓄えを取り崩して充当しています。この蓄えの部分を保険料積立金または責任準備金といいます。

図2－1　　**自然保険料と平準保険料**

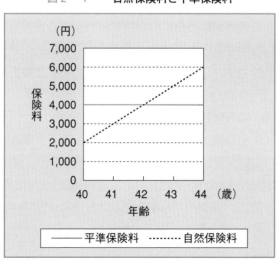

b.生命保険料の計算基礎と契約者配当

　実際の生命保険の純保険料は，予定死亡率，予定利率という2つの予定率を使用して算出しています。また，営業保険料の算出では予定事業費率という予定率を使用しています。これらの3つの予定率を生命保険料の計算基礎といいます。

　予定死亡率は一定期間に被保険者の死亡する人数を予測した数値です。現在，生命保険会社で使用している予定死亡率は，生保標準生命表2018に基づいています。予定死亡率よりも実績死亡率が下回ると，死亡保険金の支払額が予定よりも少なくなりますので，死差益が発生します。

　予定利率は資産の運用利回りを保険契約者に保証する利率です。予定利率よりも実績利率が上回ると利差益が発生します。

　予定事業費率としての事業費は保険会社の新契約費と維持費のことですが，定率の予定事業費率を定めて保険料に盛り込んでいます。予定事業費率よりも実績事業費率が下回ると費差益が発生します。

　なお，保険料を算定する計算基礎では，保険金支出が保険料収入を上回らないように，保険事故の危険度を少し高めに設定しています。そのため，生命保険会社の決算では，通常は剰余金が生ずることになります。この剰余金は過払いの保険料に相当する性格をもっていますので，発生した剰余金の大部分を一定の基準で各契約に割り当て，分配する必要があります。この分配するものが契約者配当金となります。

③　損害保険の純保険料

　生命保険の場合は，保険期間が長期で，満期保険金が存在し，保険金は定額支払いです。それに対し，損害保険の場合は，原則として，保険期間が1年の短期の契約で，満期保険金がない掛け捨て保険料で，保険金支払いは実損てん補であるといった特徴を持っています。そのため，生命保険と損害保険との間では，純保険料の算出方法に相違点があります。

　第1に，損害保険では，運用という局面がほとんどないので，予定利率は用いられません。

　第2に，損害保険では平均損害額を用います。生命保険の場合は，生存または死亡を保険事故としていますので，その中間はありません。しかし損害保険の場合は，事故発生に加えて損害の度合いが問題となります。それは実際の損害額を支払保険金の上限とする実損てん補方式の保険となっているからです。そのために平均損害額の概念が純保険料の算出に必要となるわけです。

　したがって，損害保険の純保険料は次式で表すことができます。

　　　純保険料＝事故発生頻度×1事故当たりの平均損害額

　なお，純保険料を純保険料率ということがありますが，純保険料率とは保険金額1,000円に対する保険料のことです。

1. 大数の法則は，保険制度を維持するうえで重要な基本原則ですが，その理由を考えてみましょう。

2. 同一のリスクに同一の保険料率が適用されることで，負担する保険料の公平性を保っていますが，保険会社が公平性を維持するために何が必要かを考えてみましょう。

3. 生命保険と損害保険とで，純保険料の算出方法が異なる点を整理してみましょう。

4. 健康な30歳の被保険者集団200人で構成する5年定期保険の純保険料について，仮定した死亡表に基づいて，自然保険料と平準保険料を算出してみましょう。なお，予定利率，予定事業比率の影響はないものとします。

表　　仮定した死亡表

年齢（歳）	①生存数（人）	②死亡数（人）	死亡率（②÷①）
30	200	5	0.0250
31	195	6	0.0308
32	189	7	0.0370
33	182	9	0.0495
34	173	11	0.0636

（注）死亡率は小数第5位を四捨五入。

第**3**章

保険の歴史

保険は，現代社会では生活に欠かすことのできない存在となっていますが，そもそもいつ頃どのような状況の中で誕生し，近代的な保険に発展してきたのでしょうか。この章では，保険の誕生と発展過程について，各種保険の中で最も早く成立した海上保険から解説を始め，ついで火災保険，生命保険の順に説明していくことにします。

3.1 海上保険

ギリシャ，ローマの時代から地中海沿岸の諸都市で行われていた冒険貸借（海上貸借）が海上保険の起源といわれています。冒険貸借は，船主や荷主が資金を借りて航海し，無事に航海が終わったときには高率の金利をつけて資金を返すが，海難事故にあって全損した場合には借金を返す必要がなくなるという条件で，金銭を貸し借りする特殊な契約です。保険料や保険金との対応関係をみると，高い金利の一部が保険料に，海難事故が起きたときに返さなくてよくなる資金が保険金に，それぞれ相当することになります。

海上交易をしていた当時の商人たちは，市民共同体における拘束に従う代わりに損失にあったときに救済してもらえるという共同体のルールから外れていました。そこで海上交易のリスクを移転する方法として冒険貸借が発展して海上保険が誕生したわけです。

この時期の海上保険は，リスクを移転する契約を結んでいましたので，

契約関係においては保険の形態をとっていました。しかし，保険料を算定する方法が合理的でなく，まだ厳密な意味での保険とはいえない状態でした。近代的な保険は，保険料算定の合理性などの保険技術的諸条件と契約関係を前提としています。したがって，保険技術的諸条件の発達と社会経済的諸条件が整うことによって近代的な保険が確立することになります。

　海上保険はヨーロッパでの海上交易のネットワークをもつイタリアの商人によって16世紀にイギリスに伝えられました。17世紀にはロンドンで流行していたコーヒー店で保険の取引が行われるようになり，1688年ごろに保険の歴史に名を残すことになるロイドがコーヒー店を開店しました。海事関係者（船主，荷主，貿易商人等）が情報交換の場としてこのロイドコーヒー店を利用するだけでなく，この場で多くの保険の取引が行われるようになりました。彼らは，ロイドの死後も，ロイズというグループを作って，保険の取引を行っていましたが，これが現代にも続く「ロイズ」の始まりです。

　19世紀半ばにかけて，保険料計算の基礎となる船名簿が整うほか，市場が整備されるなど近代的海上保険が確立していきました。1871年にロイズが法人化し，「ロイズ保険組合」が設立されたのもその現れだといえます。

　なお，このロイズ保険組合は現存していますが，通常の保険会社とは少し異なった形態で運営されています。法人としてのロイズは直接保険の引き受けを行わず，会員であるロイズブローカーとアンダーライター（個人の保険者）に取引の場である「ルーム」を提供しているだけです。保険の引き受けは，ロイズブローカーを通じてアンダーライターが行っています。そして，ロイズのアンダーライターは，保険契約者から引き受けた約束に対して無限責任を負っています。したがって，巨額な保険金支払いが発生すると，ロイズそのものではなく，ロイズのアンダーライターが大きな負担を負うことになります。

3.2　火災保険

火災保険の生成を促す直接のきっかけとなったのは1666年に発生したロンドン大火でした。それまでは火災保険の需要は高く認識されていませんでしたが，この大火を契機に火災に強い建物の建築と火災保険企業の設立がなされました。しかし，この時代の火災保険企業は保険技術的諸条件（たとえば，合理的な保険料を計算するための過去の火災発生率のデータなど）が整わず，投機的活動による利潤追求という内容でした。近代的火災保険の成立はまだ先のことでした。

火災保険の発展に大きく寄与したのは，18世紀後半のイギリスで始まった産業革命でした。産業革命により資本主義社会が誕生し，工業化社会の発展により，財産・資産だけでなく経済的リスクも著しく増大しました。それと歩調をあわせるように火災保険企業が発展していくことになりました。

海上保険は地中海からヨーロッパ，そして全世界へと海上交易の発達に合わせて発展していきましたが，火災保険は一定の地域内での活動に限定されており，世界各国へ普及するには時間を要しました。

3.3　生命保険

イギリスでは17世紀の市民革命をへて，市民が自由な生産活動を行えるようになるとともに，毛織物工業を中心とする工場制手工業（マニュファクチュア）の発達により，都市経済が発展し社会の近代化が達成されました。その結果，市民は貨幣収入に依存することになり，さまざまな生活リスクに対する経済的準備として生命保険需要が拡大していくこ

とになったわけです。そして，保険需要に対応するために，合理性・科学性に欠けてはいましたが，保険組合と呼ばれる保障制度が生まれました。

　そのような時代背景のもと，1762年にイギリスのエクイタブル・ソサエティーが世界で最初の近代的生命保険会社として誕生しました。エクイタブルは死亡率に基づいて，合理的・科学的に保険料を算出し，年齢別の平準保険料を採用していました。

　イギリスで生命保険が本格的に提供されるようになったのは，1854年にプルデンシャル社（1848年設立）が労働者層を対象にした簡易生命保険を販売したことがきっかけです。保険料収入は，1854年が3,000ポンドだったのに対し，1870年には26万ポンドにまで増加していきました。

　ところで，現在の世界最大の保険国アメリカでは，生命保険はどのように発達したのでしょうか。

　アメリカでは1840年代に近代的な生命保険会社が設立されましたが，1850年代には不健全な経営が目立つようになり各州政府による保険監督行政が行われるようになりました。

　紆余曲折はありましたが，アメリカの生命保険の発展を支えている最大の特徴は，顧客マーケティング志向の保険会社経営にあるといえます。生命保険という商品を国民に理解させ，アメリカ社会に普及させるために有効な販売組織作りに成功したマーケティングの歴史ともいえます。

3.4　日本の保険の歴史

3.4.1　保険事業の始まり

　日本には鎌倉時代や室町時代から無尽や頼母子講といった相互扶助の仕組みや，抛銀や海上請負といった損害保険的な仕組みなどがありました。また，和算といった高度な算術も発達していました。しかし，西洋

で発達した確率論を基礎とした近代的な保険制度はこれらの類似の仕組みから発展しませんでした。

　日本では，福沢諭吉が1867（慶応3）年に著書「西洋旅案内」の中で，保険を「災難請合の事」として叙述し，「人の生涯を請合ふ事」，「火災請合」「海上請合」の3つがあることを紹介しました。生命保険は「生涯請合」として，火災保険は「火災請合」として，海上保険は「海上請合」として，それぞれ紹介しています。

　日本は島国であったため，海上保険の必要性が強く認識されたこともあり，1879（明治12）年に海上保険を取り扱う東京海上保険会社（現，東京海上日動火災保険株式会社）が日本最初の保険会社として開業しました。なお，第二次世界大戦以降，海上輸送への依存が激減してきています。そのため，現在では保険種目に占める海上保険の割合は著しく低下してきています（推移については，3．4．4で詳述）。

　ついで，生命表を使用した日本で最初の近代的・科学的生命保険会社として明治生命保険会社（現，明治安田生命保険相互会社）が1881（明治14）年に設立されました。その後，1888（明治21）年に帝国生命保険会社（現，朝日生命保険相互会社），1889（明治22）年に日本生命保険会社（現，日本生命保険相互会社）が相次いで開業しています。

　1878（明治11）年にドイツ人パウル・マイエットは火災の多い日本には強制火災保険制度が必要であろうと考え政府に建白しましたが，政府による検討の結果，任意加入方式の民営論が採用されることとなりました。そのような経過をたどり，1887（明治20）年に日本最初の火災保険会社として東京火災保険（現，損害保険ジャパン日本興亜株式会社）が設立されました。その後，1891（明治24）年に明治火災，1892（明治25）年に日本火災が設立されました。

　資本主義の広がりとともに，保険会社の設立が急激に増えましたが，経営基盤の脆弱なものや泡沫的な保険類似事業が多く，保険会社の濫設による競争激化も重なり経営に行き詰まる会社が増え，社会へ与える影

響が大きくなってきました。このような状況に対し，生命保険業界内から生命保険の正しい発展と秩序を保つための団体の設立が求められ，1898（明治31）年に生命保険各社が協力して生命保険会社談話会（現，生命保険協会）を設立しました。政府内外からの保険事業取締法規制定の要望に対し，政府は1900（明治33）年に保険業法と保険業法施行規則を制定し，保険事業の免許・監督制度が確立されるに至り，保険会社の濫設による保険事業の混乱は沈静化し始めました。

3.4.2　明治後期から大正期〜戦前の動向

①　損害保険

保険会社としては，保険会社の経営を安定化させ，商品の安定的供給を図るため，火災保険料率の協定を望んでいました。1917（大正6）年に設立した大日本聯合火災保険協会（現，日本損害保険協会）により，火災保険の料率について統一的な協定が結ばれ，火災保険会社の経営は安定化しました。しかし，関東大震災による混乱で再び過当競争となり，火災保険が安定的に供給できない状態が続きました。

その後，日本が戦争状態となり，1942（昭和17）年に損害保険統制会が作られ，保険会社の統合が進められました。

②　生命保険

1900（明治33）年に公布された保険業法に基づいて，日本初の相互会社として1902（明治35）年に第一生命が誕生することになりました。

1894（明治27）年の日清戦争，1904（明治37）年の日露戦争では，戦死者の中に数多くの生命保険被保険者がいました。しかし，生命保険会社の経営基盤への影響はほとんどなく，むしろ，遺族への保険金支払いによって生命保険のもつ効用について社会の理解が深まりました。

日露戦争後の日本経済の活況で生命保険の新規契約高も順調に伸びていきました。1914（大正3）年に勃発した第一次世界大戦では，直接的

な戦禍を受けず，日本経済が活況を呈したために，生命保険会社の業績も大きく伸びました。

　その後，1923（大正12）年の関東大震災，1927（昭和 2 ）年の金融恐慌，1929（昭和 4 ）年の世界恐慌という社会的に不安定な状況になりました。そうした状態をなんとか乗り越えたものの，競争の激化にともなう不適切な募集によって社会的批判を浴びるなどしたため，募集秩序を維持するために1931（昭和 6 ）年に保険募集取締規則が施行されることとなりました。

　その後，日本が戦争状態となり，1942（昭和17）年に損害保険と同様の組織として生命保険統制会が作られ，生命保険会社は，この統制会の下に戦時体制に一層の協力を求められることとなりました。

3.4.3　第二次大戦後～自由化前夜まで

①　損害保険

　1947（昭和22）年に独占禁止法が制定されましたが，過去の過剰な競争による弊害に対し，損害保険がもつ公共性などの特殊要素が認められて，協定料率が同法の適用除外となりました。

　保険料率は一般商品の価格に相当しますが，火災保険は，料率競争を回避できました。さらに，自動車の普及といった大衆化の波に乗ることができたこともあり，損害保険会社は，総合保険化の動きと積立保険の開発という，商品内容での大きな改革を進めました。

②　生命保険

　敗戦によって，日本経済は著しく混乱し，生命保険の販売も不振に陥り，生命保険会社の経営内容は極度に悪化してしまいました。そこで，1946（昭和21）年の金融機関再建整備法により，資産・負債を新・旧勘定に分離し，旧勘定を整理の対象にするとともに，新勘定で経営の再建を行うこととしました。多くの会社が第二会社を設立して再出発を図り

ましたが，その際多くの会社が経営基盤の安定を図るために株式会社から相互会社へと組織を変更しました。

　また，国民生活の貧困化によって，保険料を負担する余力が低下し，新規契約の募集は困難を極めました。そこで，政府の独占事業であった小口の月払いで集金扱いの簡易保険事業が法律の改正によって民間の生命保険会社でも取り扱えるようになりました。

　その後は，経済成長と停滞を繰り返しながらも生活水準が向上し，人口の都市集中と核家族化による大家族制度の崩壊を背景とした死亡保障ニーズの高まりにより，生命保険事業の拡大が進みました。

3.4.4　商品構成の推移

①　損害保険の元受正味保険料の種目別構成比の推移

　欧米から保険が移入された明治初期から戦前までは，そのほとんどが火災保険と海上保険で占められていました。しかし，1960年代後半（昭和40年代）になると，様相が一変します。火災保険と海上保険が大きく減少し，自動車保険と自賠責保険が海上保険を上回るようになってきました。海上保険はその後も低下傾向です。

　100年という時の流れの中で，社会の変化に対応して，必要とされる保険種目も変化していることが読み取れます（表 3 - 1 ）。

②　生命保険の商品別の新契約件数と金額の構成比の推移

　生命保険販売を開始した明治初期のころは，終身保険を主に販売していましたが，その後，徐々に養老保険が増加し1900年代（明治30年代）には終身保険と養老保険が拮抗するようになりました。終身保険は明治の末期には 3 分の 1 になり，大正末期には 1 割にも満たない状態になってしまいました。

　戦前は死亡保障機能をもつ終身保険の需要が弱く，貯蓄機能をもつ養

表 3 - 1　　**損害保険における元受正味保険料の保険種目別構成比の推移**

(単位：％)

	火災	海上・運送	自動車	自賠責	新種	傷害
1902（明治35）年度	58.0	42.0	―	―	―	
1926（大正15）年度	71.1	28.0	0.6	―	0.3	
1935（昭和10）年度	71.4	25.7	1.9	―	1.0	
1955（昭和30）年度	60.8	27.3	6.9	3.8	0.9	0.3
1965（昭和40）年度	37.6	17.0	17.3	23.8	3.6	0.7
1975（昭和50）年度	27.9	11.1	26.7	24.3	5.8	4.2
1985（昭和60）年度	21.5	5.3	27.3	15.8	5.4	24.7
1995（平成 7 ）年度	18.1	3.0	34.7	10.1	7.4	26.7
2005（平成17）年度	17.3	3.3	40.8	13.3	9.3	16.0
2015（平成27）年度	17.6	3.1	44.0	11.3	13.0	11.0
2018（平成30）年度	16.6	2.9	43.9	10.3	15.8	10.4

（出所）日本損害保険協会『ファクトブック　日本の損害保険』（各年版）より作成。

老保険の需要が強かったことがわかります。イギリスでは遺族のための死亡保障の必要性から生命保険需要が発生しましたが，それとは異なり，明治期に生命保険を欧米から移入した日本では，貯蓄の一種として生命保険が受容されてきたことを表しています。このことは，日本の生命保険の需要形成が特殊な形で発達したことを象徴しているといえます。

　戦後の保険種類の変遷を販売データ（表 3 - 2 ）で見てみると，「養老保険」が 8 割を占める1950年代後半（昭和30年代）から，1970年代前後（昭和40年代〜50年代）の「定期付養老保険」主流の時代，1985年代後半（昭和60年代）〜2000年代前半（平成10年代）の「定期付終身保険」主流の時代，そして，2010年代前半（平成20年代前半）の「定期保険」主流の時代へと，販売商品種類の主流が変化しています。

　日本でも，1970年代後半（昭和50年代）以降，生命保険の原型である

表3－2　　生命保険における新契約状況の種類別構成比の推移（保険金額ベース）

（単位：％）

	終身保険	定期付終身保険	定期保険	養老保険	定期付養老保険	変額保険	その他の生命保険
1955（昭和30）年度	0.0	0.0		89.0	0.0	—	11.0
1965（昭和40）年度	0.0		0.9	40.8	50.2	—	8.2
1975（昭和50）年度	7.8		20.0	6.1	62.5	—	3.6
1985（昭和60）年度	40.1		10.1	10.1	16.8	—	22.8
1995（平成７）年度	6.6	49.1	16.9	4.3	3.0	0.2	19.9
2005（平成17）年度	7.1	31.0	29.7	2.3	0.7	0.6	28.5
2015（平成27）年度	21.2	1.6	43.5	6.8	0.0	3.4	23.5
2018（平成30）年度	18.4	0.0	53.6	5.9	0.0	3.3	18.8

（出所）生命保険協会『生命保険事業概況』（各年版）より作成。

遺族保障としての生命保険需要（定期付保険，定期保険）が高まってきたということがわかります。

Challenge　　　　　　　　　　　　　　　　　　　挑んでみよう！

1. イギリスと日本の保険の歴史を比較し，保険の需要形成の違いを考えてみましょう。
2. 海上保険が衰退していった背景を考えてみましょう。

第4章

現在の保険制度

　この章では，現在の保険制度を保険規制の観点から説明します。保険業務は，銀行業務などと同様に厳しい規制が課せられています。従来，保険料を規制するなど，競争を制限することで保険会社に一定の利益を確保させる競争制限的規制が実施されていましたが，その弊害が目立つようになりました。現在は，自由な競争を認めながら，市場の安定性や取引の公平性を確保するための規制が実施されています。

4.1　保険を規制する必要性

4.1.1　保険の規制

　日本で保険分野を規制する最も基本的な法律が，保険業法です。この法律では，「保険業は，内閣総理大臣の免許を受けた者でなければ，行うことができない」と定めています。かりに皆さんが新しいアイデアで保険業をやってみようと思っても，そう簡単には始められません。

　保険会社を規制するのには，3つの重要な理由があります。

①保険契約の特殊性

　普通の商品でしたら，買ったときに品質を確かめることができます。たとえば，私たちが自動車を買う場合，その場で，エンジンをかけて乗ってみることができます。しかし，保険の場合は，保険に加入して保険料を支払ったときには，保険サービス（保険事故が発生した場合に保険

金を受け取る）を実際に体験するわけではありません。つまり，サービス購入時に，保険契約者は，品質を確かめられないのです。

　保険会社から見ると，保険料を安くしても保険販売時点では全く困りません。保険販売時に必要なのは販売手数料だけですので，安い保険料でたくさんの契約を取ればいったんは多額のお金が入ってきます。そして，実際にお金が必要になるのは，事故が起こったときで，将来のことです。

　保険会社は，将来いくら保険金を支払わなければならないかを見込んで保険料を決めます。将来のことはわかりませんから，過度に楽観的に（つまり，事故が起こらないと）見込めば，保険料を非常に安く設定することができます。

　普通の財ですと少しでも安い業者から買うのが得なのですが，保険の場合，保険料が安いから良いとは限りません。過度に楽観的な保険会社は，保険金の支払いができずに倒産してしまうかもしれません。保険会社が倒産してしまっては，保険は無価値になってしまいます。つまり，保険契約では，先に支払いを済ませて，実際のサービスを受けるまでに相当の時間的なずれが生じるために，保険会社は過度な保険販売競争を展開するおそれがあります。

　このように，保険市場においては，通常の財市場のようには，価格（保険料）の調整機能が十分に働きません。これは，ミクロ経済学でいう「市場の失敗」です。市場が失敗する場合，政府の介入によって，状況を改善することができる場合があり，政府規制の根拠の１つになります。

②保険の公共性

　保険業法では，「保険業の公共性にかんがみ，保険業を行う者の業務の健全かつ適切な運営及び保険募集の公正を確保することにより，保険契約者等の保護を図り，もって国民生活の安定及び国民経済の健全な発

展に資すること」を，保険業を規制する目的だと規定しています。

　保険に加入することで，人々はさまざまな生活保障を得ています。た
とえば，自宅が火事になってしまうと，火災保険がなければ，自宅を再
建するお金がなくて，住むところがなくなってしまいます。人々が安心
して暮らせるためには，事故が起こった場合に，約束どおり保険金が支
払われる必要があります。保険金支払いを確実なものにするための規制
は，国民の生活を安定させることに役立ちます。

　「公共性」は経済学的にはやや曖昧な概念ですが，ミクロ経済学の用
語法を使って，保険システムに外部性があると理解することもできます。
取引に外部性がある場合，市場の自由な取引では最適な状態を実現する
ことはできません。政府の関与が必要となってきます。

　負の外部性の典型例は公害です。汚染された水を垂れ流しながら作っ
た製品は，きちんと汚水処理をして作った製品よりも，コストがかかっ
ていないので安く売ることができます。したがって，市場では汚水を垂
れ流すような商品ばかりが売れてしまいます。それは，公害という社会
的なコストを製品価格に適切に織り込めていないからです。

　同様に，保険会社が破綻して約束どおり保険金が支払えないことは，
保険契約者だけの問題ではありません。たとえば，自動車保険は，事故
を起こした運転者の救済だけが目的ではなく，事故被害者の確実な救済
も重要な目的です。しかし，保険会社が破綻してしまうと，被害者救済
が不可能となります。これでは，安心して道を歩けません。また，保険
会社の健全性が一般の契約者にはわかりにくいことから，ある保険会社
の経営破綻が他の保険会社への不信につながり，保険解約の連鎖が起こ
るかもしれません。そうした不信の連鎖という外部性もあります。

③保険契約の複雑性
　規制理由の3つめは，保険契約は非常に複雑であるにもかかわらず，
一般の人々の生活に不可欠だという点です。いわば，一般の保険契約者

の代理として，規制当局が保険会社を監視するのです。

　たとえば，同じ金融商品である銀行預金と比べると，保険は遙かに複雑にならざるを得ません。銀行の1年定期預金の場合，1年たてば元本と利息を払い戻すだけのシンプルなもので，理解は容易です。しかし，保険の場合は，どのような事故なら支払いの対象になるのかを事細かに決めておかねばなりません。そのために，保険契約の詳細が書かれた契約書（保険約款といいます）は，何十ページにもなります。

　一方で，私たちが安心して暮らしていくうえで，火災保険や自動車保険，生命保険などに加入することが不可欠で，日常生活に密接に結びついています。したがって，保険は誰もが加入する必要があるのですが，本当に理解してから入ろうと思っていたら，普通の人には難しすぎていつまでも加入することができません。そこで，規制当局が，保険の専門知識のない一般保険契約者に代わって，一般的な保険の目的に照らして妥当で，公正な保険料となっているかどうかをチェックすることが，社会全体にとって望ましいと考えられます。

　同様に，保険会社の経営を監視することにも専門知識が不可欠ですが，そうした専門知識がないと保険に加入できないようでは大変不便ですし，保険会社の経営を監視すること（たとえば，保険会社の決算内容を分析する）にも手間がかかります。そこで，私たち一般国民を代表して，保険会社を監視する機能を監督当局に集約しておけば，一般国民は専門知識を勉強する必要がありませんし，社会全体として監視の重複を避けることができます。

　この点も，ミクロ経済学の用語法を使えば，次のように言えます。自由な競争が最適な結果をもたらすのは，市場参加者が対等な場合に限られます。高度な知識が必要な保険の取引市場において，専門知識を持ち巨大な組織である保険会社と，一般の保険契約者が，対等に取引を行えるはずがありません。こうした参加者の間の力のアンバランスも，政府の介入を必要とする理由だと考えられます。

4.1.2　他の金融規制との比較

　主要な金融業には，銀行業，保険業，証券業の3つがあり，いずれも
政府の規制を受けていますが，規制の厳しさはおおよそこの順番になっ
ています。たとえば，銀行業と保険業は厳格な要件が定められた免許制
ですが，証券業は比較的規制の緩い登録制です。

　一般に，登録制と比べると免許制のほうが基準が厳しくなっています。

　一定の要件を満たせば原則的に営業が認められる登録制と異なり，保
険会社の免許は，法令に定められた基準（たとえば，業務を健全かつ効
率的に遂行するのに十分な財産的基礎を有していること）に基づいて金
融庁によって厳格に審査が行われます。たとえば，免許制の保険会社と
（後で説明する）登録制の少額短期保険業者では必要最低資本金がそれ
ぞれ10億円と1,000万円となっています。さらに，免許を与えた機関が
破綻すると当局の監督責任が厳しく問われますので，営業を認めた後の
規制も免許制のほうが厳しい傾向にあります。

　銀行業のほうが，保険業よりも規制が厳しい理由は，銀行が支払決済
システムの中核にあるためです。詳しいことは金融論のテキストで勉強
していただきたいのですが，現代の社会での支払いの多くは，銀行預金
を通じて行われています。たとえば，皆さんが電気料金を支払う場合，
皆さんの銀行預金残高から指定日に料金分が減額され，その分が電力会
社の預金残高に加えられることで，料金の支払いが完了します。銀行が
経営破綻すると，そうした銀行預金を通じての支払いができなくなり，
経済の血液にもたとえられるお金の流れが止まってしまいます。

　保険会社は支払決済システムに関与していませんので，保険会社の破
綻が直接，経済の中のお金の流れに悪影響を及ぼすわけではありません。

　他方で，保険業が証券業よりも厳しい規制を課せられているのは，経
営破綻した場合の影響の違いです。保険会社が破綻すると，保険契約者
に被害が及びます。それは，保険契約者が保険会社にお金を貸している
状態だからです。銀行預金も，預金者が銀行にお金を貸していることに

なりますので，同じです。証券会社の場合，証券会社は金融取引の仲介をしているだけなので，窓口となった証券会社が倒産しても，そこで購入した証券の価値には影響しません。証券投資家がお金を貸したのは，証券会社ではなく，その証券の発行会社だからです。

　4.1.1で説明した保険会社の規制の3つの理由は，したがって，銀行と共通しています。保険契約者を銀行預金者と置き換えれば，そのまま理解できるはずです。

　たとえば，第1の理由として，保険料の支払いと保険金の受取りの時間的なズレを指摘しましたが，そうした時間のズレは金融活動全般に言えることです。つまり，お金を貸すという行為は，お金と引き替えに将来の返済の約束を受け取っているだけで，実際の返済は不確かな将来です。ものすごく高い金利を払うからといってお金を集める詐欺師はいつの時代にもいます。初めから返すつもりがなければ，どんな高い金利を約束しても同じです。つまり，保険への加入も保険会社に（特殊な条件で）お金を貸すことと見ることもでき，金融における本質的な問題が共通しているのです。

4.2　伝統的な保険規制

4.2.1　競争制限的な規制

　以上のように，保険市場が正常に機能するためには，適切な規制が必要だと考えられています。しかし，時代の変遷とともに，保険規制の重点の置き方が変わってきています。

　伝統的な考え方は，保険市場の安定性を維持することを目的に，すべての保険会社の健全性を維持できるように一定の利益を保証するというものでした。そのために，保険会社の間での競争を制限するアプローチが採用されました。簡単に言えば，最も弱い保険会社でも利益が出るよ

うな水準に保険料を規制したわけです。これがいわゆる護送船団行政です。

　護送船団行政では，保険会社は破綻する心配がないので，ともすると経営努力が疎かになります。そのために，規制当局（当時の大蔵省）が保険会社の経営の細部まで規律付ける必要が出てきます。

　また，リスクの高い保険を引き受けたり，リスクの高い投資を実施したりすると，競争がなくても保険会社は倒産してしまうかもしれません。その観点からも，保険会社の商品内容や資産運用についての厳しい規制が行われました。

　代表的な規制について見ていきましょう。

① プレイヤーの数を制限する規制

　伝統的な産業組織論では，市場参加者の数が少ないほど市場は独占的になり，非効率になると考えられています。また，「コンテスタブル市場」の理論では，新規参入の可能性が低ければ，既存の市場参加者の行動は独占的になるとしています。つまり，いずれにしても，企業数や新規参入の可能性が競争の度合いを規定します。

　市場参加者を制限する直接的な規制は，保険業に対する免許制です。保険会社の免許は，自動車の運転免許のように明確な基準があって免許が受けられるということにはなっておらず，長い間，新規免許は与えられませんでした。

　さらに，保険業法では，保険会社を生命保険会社と損害保険会社に分けて，どちらかの保険のみしか扱えないことにしました。生命保険会社を除けば，損害保険会社が最も生命保険ビジネスに成功しそうな参入者です。それをできないように禁止していたのです。

② 価格規制

　保険の分野での価格は保険料率で，銀行預金の預金金利に当たるもの

です。通常は保険金額1,000円に対する保険料の額で示されます。たとえば保険料率が1円なら，保険金額1,000万円の保険契約での保険料は1万円になります。

　顧客の立場からいえば，保険料率が低いほうが望ましいのは明らかです。したがって，多くの顧客を獲得したい保険会社は，他社より少しでも低い保険料率を提示しようとするはずです。しかし，こうした自由競争を認めると，保険会社の利益を確保することはできません。そのために，保険料率の規制が行われてきました。

　損害保険については，「損害保険料率算出団体に関する法律」に基づき，損害保険料率算定会と自動車保険料率算定会が，火災保険，傷害保険，自動車保険などの保険料率を定め，損害保険会社がその保険料率を使用する義務がありました。そのため，補償内容が同じなら保険料はどの会社でも同じとなり，競争のために値下げするといったことは禁止されました。

　保険会社の保険料率は，保険金の支払いそのものに必要な純保険料率部分と，会社の経営経費をまかなう付加保険料率部分とに分かれます。被保険者を選ばないのであれば，純保険料率部分は各社で変わらないでしょう。たとえば，同じ日本人を対象にしていたら死亡確率は同じです。しかし，本来は，付加保険料率部分は，会社の経営効率性によって大きく違います。ところが，算定会が定める保険料率は，経営効率の最も悪い保険会社でも経営費用がまかなえる水準に設定されました。

　生命保険については，損害保険の算定会制度のような明示的な価格規制はありませんでした。しかし，保険料率は大蔵省の認可事項になっていましたので，自由に調整することはできませんでした。

4.2.2　競争制限的規制の弊害
　こうした規制のおかげで，日本の保険市場は安定していました。また，必ずしも規制の目的ではありませんでしたが，弱小の保険会社でも利益

が上がるような価格で販売することができましたので，経営効率の高い大手の保険会社はかなり大きな収益を安定的に上げることができました。

　しかし，社会・経済環境の変化，国民のニーズの変化，金融の自由化・国際化の進展などの結果，競争制限的な規制の弊害が目立つようになってきました。

　第1に，価格競争が起こりませんので，保険料が割高なままとなります。これでは，保険契約者の不満が高まるのが当然です。逆に，生命保険会社の貯蓄性の商品の場合，保険業界の中では競争がないとしても，他の金融商品（たとえば，証券）と競争になります。他の金融商品に魅力的なものが登場すると，保険商品が売れなくなります。

　第2に，保険の価格だけでなく保険商品の内容についても代わり映えしないものばかりになります。顧客のニーズに応えた質の高い商品開発を保険会社が怠るためです。

　第3に，日本経済の国際化が進み，海外の保険会社が日本市場に参入しようとしました。新規参入者にとって，既存の保険会社からお客を奪わなければならないのですが，その時の最大の武器は低価格と新商品です。しかし，規制されていると，低価格や新商品を提示できません。いわゆる外圧によって，保険価格および保険内容の自由化が進められることになりました。

4.2.3　規制の緩和と新しい規制体系の構築

　こうした弊害を解消するために，1995年に保険業法の大規模な改正が行われ，1996年に改正法が施行されました。

　そこでは，第1に規制緩和による競争促進が目指されました。具体的には，生損保の相互参入を子会社方式で認めること（生命保険会社が損害保険会社を子会社として持てるなど）になりました。また，厳しく規制されていた保険料率について，特定分野に限ってですが，規制が緩和されました。

第2の柱が，消費者を保護するための健全性維持の仕組みの導入です。具体的には，ソルベンシー・マージン（支払い余力）基準が導入されました。また，保険会社が破綻した場合に備えて，保険契約者保護基金が設立されました。

さらに，第3の柱として，公正な事業運営を目指して，ディスクロージャーに関する規定が設けられました。

1995年の保険業法の改正は保険行政の基本スタンスの転換点となりました。その後も，1996年の日米保険協議，1997年以降に頻発した保険会社の経営破綻，1998年の金融システム改革法（いわゆる日本版金融ビッグバン）など，現実の変化に対応するために，大きな制度改正が繰り返されていきました。

しかし，基本的な方向性は一貫しており，1995年の改正の延長線上にあると言えます。すなわち，競争制限的な事前規制をできるだけ緩和して，消費者保護をはかりながら，市場における自由な競争を通じて効率的で質の高い保険サービスを提供することを目指しています。

4.3　現在の保険規制

規制緩和が進んできたとはいえ，保険会社に対してはさまざまな規制が今も実施されています。保険会社間の競争を活発化させるために，規制の緩和を進めてきましたが，健全性の乏しい業者を排除しなければ，市場の安定性を確保できません。また，保険契約者と保険会社が同じ土俵で勝負することは力が違いすぎて逆に不公平なので，保険契約者の保護も重要な論点です。このうち，保険契約者の保護に関しては，第5章で議論します。

4.3.1　参入・退出に関する規制

①　保険業

　保険業を営むには，内閣総理大臣の免許が必要で，無免許で保険業を営んだ場合には，刑事罰が課せられます。

　保険業の免許には，生命保険業免許と損害保険業免許の２種類があり，１つの会社が両方の免許を受けることは認められていません。ただし，他方の免許を受けた子会社を持つことは可能ですので，企業グループとしては，生損保の兼営が可能になっています。

　1995年の保険業法の改正で相互参入が認められましたが，免許制度自身は以前と変わりがありません。しかし，かつては事実上，新規の免許が与えられず，（外資系を除いて）新規参入は皆無でしたが，近年は一定の条件を満たした場合には，免許が与えられるようになりました。一方で，経営不振による破綻や経営統合，外国保険会社の日本市場からの撤退などにより，市場からの退出も起こるようになりました。要するに，保険市場も他の市場と同じように，ビジネスチャンスがあれば参入が起こるようなダイナミックな市場に変わってきました。

　こうした政策スタンスの変更で，1980年には生命保険会社は21社，損害保険会社は22社しかありませんでしたが，2008年には生命保険会社が45社，損害保険会社は51社まで増加しました。2019年４月時点では，生命保険会社が42社，損害保険会社が53社となっています。

②　制度共済

　日本では，保険会社ではありませんが，組合員やその家族を対象にした保障（補償）制度を取り扱っている非営利の組織があります。こうした組織のうち，保険業法とは別の法律に基づき，金融庁以外の規制・監督を受けているものが制度共済です。

　たとえば，わが国最大の共済組織であるJA共済は，農業協同組合法に基づいており，農林水産省の規制・監督を受けています。そのほかに

も，消費生活協同組合法に基づいて生協や労働組合の行う共済や，水産業協同組合法に基づくJF共済などがあります。共済の組合員数（延べ）は，7,736万人（2017年度），総契約件数は１億3,825万件に達しており，国民の多くが利用しています（日本共済協会調べ）。

　根拠になる法律が違いますし，細かな商品の内容も異なる点がありますが，基本的なルールについては，保険と同じと考えて良いです。

③　少額短期保険業者

　2006年に施行された改正保険業法により，少額短期保険業制度が導入されました。

　近年，共済事業を運営する団体が増加し，共済事業の規模・形態が多様化してきました。上述したように，JA共済などの制度共済は，それぞれの監督官庁の規制を受けており，契約者保護の制度が整備されていますが，根拠法のない共済（いわゆる無認可共済）の中には，たとえば，募集時の説明が不適切で不十分であったり，財務基盤が不安定であったりで，契約者を保護するうえで問題を起こすところが出てきました。しかし，従来の保険業法は「保険業」を「不特定の者」を相手に各種保険の引受けを行う事業と規定していたため，会員組織を作り，会員＝「特定の者」を相手に事業を行う「根拠法のない共済」は保険業法の適用対象から外れており，保険業法上の契約者保護規定も適用されない状態となっていました。

　こうした状況を解決するため，保険業法が改正され（2006年４月施行），「不特定」という限定が取り払われるとともに，「少額短期保険業」の規定が設けられ，これまで無認可共済を実施してきた団体のうち一定の要件を満たすものは，少額短期保険業者として金融庁に登録しなければならなくなりました。少額短期保険業者は，原則として，損害保険の場合で期間２年以内，保険金額1,000万円まで，生命保険では期間１年以内，保険金額300万円まで（死亡保険の場合），といった短期で少額の保障性

の保険の販売のみが認められています。ただし，引受額の制限を緩和する「経過措置」は2023年3月まで延長されています。

　少額短期保険業者が取り扱う保険には，賃貸住宅の入居者専用の家財保険，ペット保険，葬儀費用を準備する保険，糖尿病患者が加入できる医療保険などユニークな保険が多いです。旅行業者，不動産管理会社など異業種からの参入も盛んで，2018年3月末で97社が営業しています。

　保険契約者の保護を図る観点から，少額短期保険業者は，保険会社に対するほどの厳しい規制ではないものの，ディスクロージャーや責任準備金の積立てが義務付けられ，早期是正措置の対象にもなりました。ただし，保険会社のような破綻時の契約者保護の仕組みがないなどの点には注意が必要です。

　なお，他の法律で規制されている制度共済はもちろんのこと，地方自治体（住人を相手方），企業内共済，労働組合（組合員を相手方），学校（学生，生徒を相手方），地縁による団体（町内会等），少人数（1,000人以下で高額な保険料を徴収せず）を相手方とする小規模な共済等は保険業法の適用除外となり，保険類似の共済を運営することが許されています。制度共済を除く，こうした共済を利用する場合には，契約者保護の点で十分ではない点があることに留意することが重要です。

4.3.2　業務範囲に関する規制

　保険会社の業務範囲は法律によって限定（他業禁止規定）されています。許されているのは，①固有業務（保険の引受け，有価証券等の運用），②付随業務（他の保険会社の代理，債務の保証，国債等の引受など），③他業証券業等（投資信託の販売等），④法定他業（自動車損害賠償保障法第77条の規定により保険会社が行う自動車損害賠償保障事業の業務等）に限定されています。

　他業禁止規定は，ⓐ保険業に専念することによる専門化の利益，ⓑ利益相反取引の防止，ⓒ他業のリスクが保険業に及ぶことの回避，などを

目的にしています。

　利益相反とは，たとえば，交通事故の訴訟で被害者と加害者の両方の弁護人になると，被害者のために行動すると，加害者の利益を損なってしまうように，両者のために同時にベストを尽くすことができない状況です。たとえば，医療保険を販売する保険会社が病院を経営していると，必要な治療が高額な場合に，保険会社の支払いが増えることを考慮して，十分な治療を行わないといったことが起こるかもしれません。病院経営としては適切な治療を行うのが良いのですが，保険経営の立場からはそうではないからです。

　保険会社が持つ子会社には，保険会社本体よりは幅広い業務が認められています。しかし，子会社や持ち株会社を利用して他業禁止規制を免れることがないように，保険会社の子会社の業務についても法律で限定されています。認められている主な業務としては，①生命保険業，②損害保険業，③銀行業，④証券業，などがあります。たとえば，日本生命保険の企業グループは，図4－1のようになっています。

4.3.3　資産運用についての規制

　保険会社は資産運用を本業にしており，金融のプロのはずですが，保険会社の経営破綻は資産運用の失敗に起因するものが多いのも現実です。高いリスクをとった資産運用は，一時的に高い利益を得ることができるとしても，将来にわたって，安定的に保険金の支払いに充てる財源を確保できなくなる心配があります。

　そこで，保険会社の資産運用については，①運用方法の制限，②一定の運用対象に係る限度額（資産別運用比率規制），③大口信用供与規制，などがあります。

①　運用方法の制限

　有価証券の取得，不動産の取得，金銭債権の取得，短期社債等の取得，

図 4 - 1　　日本生命保険の企業グループ

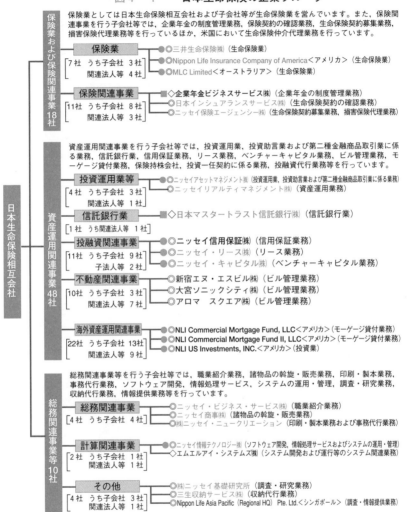

保険業としては日本生命保険相互会社および子会社等が生命保険業を営んでいます。また，保険関連事業を行う子会社等では，企業年金の制度管理業務，保険契約の確認業務，生命保険契約募集業務，損害保険代理業務等を行っているほか，米国において生命保険仲介代理業務を行っています。

保険業
- ●◇三井生命保険㈱（生命保険業）
- ●Nippon Life Insurance Company of America＜アメリカ＞（生命保険業）
- ◎MLC Limited＜オーストラリア＞（生命保険業）

7社　うち子会社　3社
　　　関連法人等　4社

保険関連事業
- ■◇企業年金ビジネスサービス㈱（企業年金の制度管理業務）
- ◎日本インシュアランスサービス㈱（生命保険契約の確認業務）
- ◎ニッセイ保険エージェンシー㈱（生命保険契約募集業務，損害保険代理業務）

11社　うち子会社　8社
　　　関連法人等　3社

資産運用関連事業を行う子会社等では，投資運用業，投資助言業および第二種金融商品取引業に係る業務，信託銀行業，信用保証業務，リース業務，ベンチャーキャピタル業務，ビル管理業務，モーゲージ貸付業務，保険持株会社，投資一任契約に係る業務，投融資代行業務等を行っています。

投資運用業等
- ◎ニッセイアセットマネジメント㈱（投資運用業，投資助言業および第二種金融商品取引業に係る業務）
- ◎ニッセイリアルティマネジメント㈱（資産運用業務）

4社　うち子会社　3社
　　　関連法人等　1社

信託銀行業
- ■◇日本マスタートラスト信託銀行㈱（信託銀行業）

1社　うち関連法人等　1社

投融資関連事業
- ●ニッセイ信用保証㈱（信用保証業務）
- ●ニッセイ・リース㈱（リース業務）
- ●ニッセイ・キャピタル㈱（ベンチャーキャピタル業務）

11社　うち子会社　9社
　　　子法人等　2社

不動産関連事業
- ◎新宿エヌ・エスビル㈱（ビル管理業務）
- ◎大宮ソニックシティ㈱（ビル管理業務）
- ◎アロマ　スクエア㈱（ビル管理業務）

10社　うち子会社　3社
　　　関連法人等　7社

海外資産運用関連事業
- ●NLI Commercial Mortgage Fund, LLC＜アメリカ＞（モーゲージ貸付業務）
- ●NLI Commercial Mortgage Fund II, LLC＜アメリカ＞（モーゲージ貸付業務）
- ◎NLI US Investments, INC.＜アメリカ＞（投資業）

22社　うち子会社　13社
　　　関連法人等　9社

総務関連事業等を行う子会社等では，職業紹介業務，諸物品の斡旋・販売業務，印刷・製本業務，事務代行業務，ソフトウェア開発，情報処理サービス，システムの運用・管理，調査・研究業務，収納代行業務，情報提供業務等を行っています。

総務関連事業
- ◎ニッセイ・ビジネス・サービス㈱（職業紹介業務）
- ◎ニッセイ商事㈱（諸物品の斡旋・販売業務）
- ◎㈱ニッセイ・ニュークリエーション（印刷・製本業務および事務代行業務）

4社　うち子会社　4社

計算関連事業
- ●ニッセイ情報テクノロジー㈱（ソフトウェア開発，情報処理サービスおよびシステムの運用・管理）
- ◇エムエルアイ・システムズ㈱（システム開発および運行等のシステム関連業務）

2社　うち子会社　1社
　　　関連法人等　1社

その他
- ◎㈱ニッセイ基礎研究所（調査・研究業務）
- ◎三生収納サービス㈱（収納代行業務）
- ◎Nippon Life Asia Pacific (Regional HQ) Pte. Ltd.＜シンガポール＞（調査・情報提供業務）

4社　うち子会社　3社
　　　関連法人等　1社

（左側縦書き）
保険業および保険関連事業 18社
資産運用関連事業 48社
総務関連事業等 10社
日本生命保険相互会社

（注）1．子会社とは保険業法第2条第12項に規定する子会社，子法人等とは保険業法施行令第13条の5の2第3項に規定する子法人等（子会社を除く），関連法人等とは保険業法施行令第13条の5の2第4項に規定する関連法人等です。
　　　2．●印は連結される子会社，■印は持分法適用の関連法人等
　　　3．◎印は子会社，◇印は関連法人等
　　　4．会社名は主要なものを記載しています。
（出所）日本生命保険のホームページ資料（2018年3月末現在）の一部をスペースの都合で抜粋して掲載している。
　　　　https://www.nissay.co.jp/kaisha/annai/gaiyo/kanren.html

金地金の取得，金銭の貸付け，有価証券の貸付け，預金または貯金，有価証券関連デリバティブ取引，先物外国為替取引などが，法令（保険業法施行規則）で認められています。

② 一定の運用対象に係る限度額（資産別運用比率規制）

保険会社の資産を国内株や不動産，外貨建資産等のリスク性資産で運用する場合，保有する資産の種類ごとに総資産額の一定の比率（国内株式30％，外貨建資産30％，不動産20％）を上限とする資産運用比率規制が設けられていました。

ただし，このような運用規制は，保険会社における運用手法の多様化や効率化を進めるという観点と矛盾しているのも事実です。保険会社におけるリスク管理が高度化しており，ポートフォリオ全体でのリスク管理が行われるようになっています。こうした時代に，個別の金融資産の比率を定めるような規制は，保険会社のリスク管理の妨げになっているという批判もあり，2012年4月に資産別運用比率規制は撤廃されました。

③ 大口信用供与規制

大口信用供与は，特定の相手に過度に集中してお金を貸すと，その相手が経営難に陥る場合，保険会社経営にも深刻な悪影響が及びます。そのために，保険会社の総資産の一定割合（社債・株式，貸付金などの合計が総資産の10％を限度）を超えて同一人に対して信用を供与することが禁止されています。

4.3.4 経営の健全性の確保のための財務規制

まず，保険契約に見合った資金を積み立てて，保険金の支払いに備えることが求められています。支払備金（すでに支払いが確定しているがまだ支払われていないものなど）や契約者配当準備金（生命保険で剰余金の配当の財源）などもありますが，ほとんどは責任準備金（将来の保

険契約の給付という責任を果たすために積み立てられた準備金）として積み立てられています。この部分がきちんと積み立てられていることが最も重要なことです。したがって，その積立方法および積立状況について規制されています。

　そのうえで，保険会社の経営の健全性を確保するために，特定の財務指標について満たすべき基準を設定する規制があります。

　保険会社に関しては，ソルベンシー・マージン比率規制が実施されています。ソルベンシー・マージン比率は，保険会社が，「通常の予測を超えるリスク」に対して，どの程度「自己資本」や「準備金」などの支払余力を有するかを示す健全性の指標で，1995年の保険業法の改正時に導入されたものです。

　保険会社は，一定程度の支払いの増加や金利の低下による収入減など「通常予測できる範囲のリスク」については，保険金を支払うためにあらかじめ見込んで，「責任準備金」として準備しています。そして，大規模災害による巨額の保険金支払い（保険リスク）や運用環境の悪化などの「通常の予測を超えたリスク」に対しては，自己資本等で対応することとなります。ソルベンシー・マージン比率は，「通常の予測を超えるリスク」が発生しても保険会社の経営が健全に維持できるように保つための規制です。

　具体的には，下記のような形で計算したソルベンシー・マージン比率を200%以上に維持することが保険会社に求められています。（分子と分母の詳細は，図4−2のとおりです。）

200%≦「ソルベンシー・マージン比率」

$$= \frac{\text{支払余力（ソルベンシー・マージン）}}{(1/2) \times \text{通常の予測を超える危険（リスク）に対応する額}}$$

　200%を下回ると，金融庁は早期是正命令を出します。たとえば，ソ

図 4 - 2　　ソルベンシー・マージン比率の概要

ソルベンシー・マージン（分子）	リスク額（分母）
資本金等	損害保険契約の一般保険リスク
価格変動準備金	生命保険契約の保険リスク
危険準備金	第三分野保険の保険リスク
異常危険準備金	少額短期保険業者の保険リスク
一般貸倒引当金	予定利率リスク
その他有価証券の評価差額	生命保険契約の最低保証リスク
土地の含み損益	資産運用リスク
保険料積立金等余剰部分	経営管理リスク
負債性資本調達手段等	損害保険契約の巨大災害リスク

（注）分子，分母に算入される主な項目。

ルベンシー・マージン比率が０％未満となると，業務停止を命ぜられます。

　ただ，現実には，ソルベンシー・マージン比率が200％を超えている保険会社が経営破綻をしています。たとえば，2008年10月に経営破綻した大和生命の破綻直前（2008年３月時点）のソルベンシー・マージン比率は555％もありました。

4.4　新たな保険規制の展開

　保険会社のソルベンシー・マージン比率規制は，銀行の自己資本比率に対応するものと考えることができます。銀行の場合は，貸出などの資産に対して一定以上の自己資本を保有することを義務付けています。銀行規制の新しい展開から，保険規制の今後の展開の方向性を考えてみましょう。

　銀行の自己資本比率規制では，2007年3月期からバーゼルⅡの運用が始まり，さらに，グローバル金融危機の反省を受けて，バーゼルⅡの見直しが行われました。2013年3月期から，必要自己資本比率の水準を引き上げるなどの規制を強化したバーゼルⅢが適用されています。その基本的な考え方は，状況に応じた高度なリスク管理を実践するようなインセンティブをそれぞれの金融機関に与えることでした。それは，金融業務が高度化し複雑化すると，画一的な規制ではかえってリスク管理を歪めたり，市場の効率性を阻害したりする恐れが強いからです。具体的には，金融機関が自ら適切なリスク管理を行うように，高度なリスク管理手法を利用するほど，自己資本比率規制上，有利な取扱いが行われることになりました。

　今後，保険会社規制の分野でも，保険会社が，自ら高度なリスク管理手法を適用するようなインセンティブを持つように，規制が再構築されていくものと思われます。

　また，バーゼル規制では，市場による規律付けを重視しています。これは，規制当局の能力には限界があるので，それを多様な市場参加者の能力によって補うためです。このために必要なことは，市場参加者が金融機関の経営内容を正確に把握できることです。したがって，情報開示（ディスクロージャー）の充実が非常に重要な課題となっています。

　1995年の保険業法改正では，情報開示が努力義務とされましたが，開示内容については各社の自主性に委ねられ，また，罰則もありませんでした。1998年の金融システム改革法にともなう保険業法の改正により，情報開示は罰則規定のある義務となりました。その後も開示内容の充実が図られ，現在では，保険会社には，銀行並みのディスクロージャーが義務付けられています。たとえば，ソルベンシー・マージン比率が1995年改正で導入されたときは，各社の数値は開示されていませんでしたが，現在ではソルベンシー・マージン比率だけでなく，その数値の前提となる詳細な情報も開示されています。

しかし，先にも指摘しましたが，2008年10月に破綻した大和生命のケースでは，直前期のソルベンシー・マージン比率は555％もあり，多くの契約者にとって破綻は突然のことでした。情報開示の充実は，これからも大きな課題です。

　さらに，2008年9月のアメリカ大手証券会社リーマン・ブラザーズの破綻以降，世界の大手金融機関が経営難に陥りました。その中には，世界有数の保険会社であるアメリカン・インターナショナル・グループ（AIG）も含まれていました。AIGは，証券化商品が債務不履行になった場合の損失を肩代わりする代わりに保証料を受け取る特殊な保険契約で多額の損失を被ったからです。AIGの場合は，アメリカ政府（中央銀行）の支援を得て，かろうじて経営破綻を免れました。

　1970年代以降，業務規制の自由化が進んできましたが，2008年以降の世界的な金融混乱を受けて，保険会社に対する規制・監督が再整備されています。

　ソルベンシー・マージン比率規制に関しては，比率の算出において，2012年3月末から分子のマージンに算入できる要件の厳格化や分母のリスク算定・計測の厳格化が行われました。また，欧米での保険会社の経営破綻の原因が保険会社そのものではなく子会社に起因する例が多かったことから，2012年3月末から，従来の保険会社単体のソルベンシー・マージン比率に加えて，子会社等を有する保険会社についてはグループ全体の連結ソルベンシー・マージン比率についても規制の対象となりました。

　さらに，2019年には，保険業の監督当局の国際的な集まりである保険監督者国際機構（IAIS）が，「国際資本基準（ICS Version 2.0）」を公表し，保険会社の資本規制について国際的に統一する方向で議論が進んでいます。これを受けて，金融庁は「経済価値ベースのソルベンシー規制等に関する有識者会議」を立ち上げて，日本への導入について検討を始めています。

1. 保険業に自由に参入できるように規制緩和が行われたら，どんなことが起こ
るかを予想し，そうした政策が適切かを考えてみましょう。

2. 保険会社の業務範囲は規制されていますが，実際に，日本の保険会社がどの
ようなグループ企業を持っているのかを調べてみてください。たとえば，
2014年11月の保険業法施行規則の改正で，保険会社は保育所を運営する子会
社を持てるようになりました。保険会社が子会社として持つことが許される
べき分野が他にないかを考えてみましょう。

3. 保険会社はソルベンシー・マージン比率の詳しい内訳を公表しています。い
くつかの会社の公表数値を比較して，どのような違いがあるかを考えてみま
しょう。

第5章

保険契約者の保護

　この章では，保険契約者を保護する観点から，保険規制について説明します。保険契約をめぐってはさまざまなトラブルが生じています。保険は非常に複雑な商品なので十分な説明が不可欠で，保険募集について厳しく規制されています。また，保険会社が破綻すると保険契約者は期待していた保険金や年金を受け取れなくなります。そこで，保険契約者保護機構が契約者保護のために設立され，一定の範囲で契約者への補償をしています。

5.1　保険契約時の保護

5.1.1　本質的に難しい保険
　保険に対する規制の必要性の1つとして，日常的に不可欠な金融商品でありながら，その内容が非常に複雑であるという点を指摘しました。
　図5－1は，一般の人に対して「生命保険や個人年金保険について十分に知識があると思うか」と尋ねたアンケート調査の結果です。「知識がある」という人が30.5％であるのに対して，「知識がない」という人が倍以上の66.6％でした。
　同じ調査で，生命保険や個人年金保険に加入する場合に必要と考えられる知識の中で，不足していると思われるものを尋ねたところ，「特に不足しているものはない」は25.5％にとどまり，大半の人が何らかの不足を感じているようです。その内でも，「生命保険や個人年金保険の仕

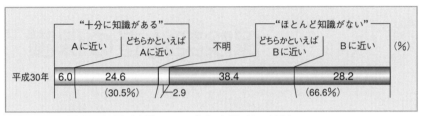

図5−1　　保険に関する知識の自己評価

（注）　A：生命保険や個人年金保険について十分に知識があると思う
　　　　B：生命保険や個人年金保険についてほとんど知識がないと思う
（出所）生命保険文化センター「平成30年度　生命保険に関する全国実態調査」（2018年12月発行）。

組み」との回答は31.6％ありましたので，かなりの人が保険の基本的な
仕組みについてすら知識が不足していると感じているのです。
　保険商品は，保険対象になる事故や支払条件を非常に厳密に定める必
要があることから，どうしても仕組みが難しくなります。さらに，最近
の保険商品は，投資商品としての性格をもっているものも多くなってお
り，保険商品の内容がますます複雑化しています。
　そのため，保険契約時に，保険契約者が十分な情報に基づき，良く考
えたうえで，保険加入を決断できるような環境整備が必要であると考え
られます。そこで，そうした環境を実現するために，保険募集について
の規制が行われています。

5.1.2　募集上の規制

　保険会社を規制する理由の１つが，保険会社と一般の保険契約者の間
の交渉力や知識・情報量に格差があることでした。何も規制しないと，
一般契約者は保険会社の言いなりにならざるを得ず，保険契約者にとっ
て不利な保険契約となる可能性が高いからです。
　そのために，保険会社に対して保険募集に際して次のような規制が行
われています。

①　保険募集できる者の制限

　保険の特徴の1つは，内容が非常に複雑なことです。たとえば，保険契約者が保険の対象にしたいと思っているリスクをカバーしている保険に加入できなければ，実際に事故が発生したときに非常に困ります。保険に加入するときに，正確な説明を受けられなければなりません。

　そのために，保険についての十分な知識がある人しか募集業務を行えないようにしており，保険の募集をするためには金融庁に登録しなければなりません。

②　募集上の禁止行為

　保険募集に際して，虚偽の説明をすること，重要な事項についての説明をしないこと，保険契約者に嘘の告知をするように勧めること，契約者にとって不利になるような保険の乗り換えを勧めること，保険料の割引や割戻しなどの特別な利益を提供すること，将来配当の受取額など不確実なことがあたかも確定しているかのごとく説明すること，などが禁止されています。

　これらの行為は，保険契約者が十分な情報に基づいて保険商品を選択することを妨害しますので，禁止されるのは当然です。これらの規制に違反した場合には，懲役刑となることもあります。また，こうした不法な募集によって損害を受けた保険契約者は損害賠償を求めることができます。その場合，保険募集人に対してだけでなく，その保険募集人が属している保険会社に対しても損害賠償を求めることができます。

　さらに，2014年に保険業法が改正され，従来の禁止項目を列挙する募集規制に加えて，積極的な顧客対応を求める観点から，保険募集の基本的ルールとして，意向把握義務と情報提供義務が導入されました。意向把握義務とは，保険会社や保険募集人は，保険契約の締結や募集に際して，①顧客の意向を把握し，②意向に沿った保険の提案を行い，③顧客の意向と当該保険契約の内容が合致していることを顧客が確認する機会

を提供すること，を義務づける規制です。

　情報提供義務とは，保険募集の際に，顧客が保険加入の適否を判断するのに必要な情報（保険金の支払条件，保険期間，保険金額，付帯サービスの内容等）の提供を義務付ける規制です。また，複数の保険会社の商品を取り扱う保険代理店は，手数料収入を目当てに特定の商品を推奨しているのではないかとの疑念がありましたが，今後は，特定の商品を勧める場合には，推奨する理由を説明しなければならなくなりました。

③　クーリング・オフ制度や保険業法以外の保護制度

　一定の条件を満たす保険契約（たとえば，保険期間が1年を超える保険など）については，クーリング・オフ制度が認められています。これは，一定期間（保険契約の申込みから8日以内など）なら無条件に保険申込みを撤回することができる制度です。保険募集人の巧みなセールストークなどにより冷静さを欠いて保険契約を結んだ場合などに，後から良く考えて契約を撤回できるわけです。

　ただし，どんな場合でもクーリング・オフ制度が適用されるわけではありません。クーリング・オフ制度が適用されない代表的な場合として次のようなものがあります。

　　・契約にあたって医師による診査を受けた場合

　　・保険期間が1年以内の契約の場合

　　・保険会社の営業所等の場所で申込みをした場合

　したがって，クーリング・オフ制度があるからといって，安易に保険契約を結ぶことは慎むべきで，よく考えて慎重に契約すべきことは言うまでもありません。

　詳しくは触れませんが，2001年に制定された消費者契約法や金融商品販売法によっても，保険契約者の保護が図られています。たとえば，消費者契約法では，業者が自宅に押しかけてきて帰ってくれないことから消費者が困惑して契約を結んでしまった場合などに，その契約の申込み

を取り消すことができます。

　また，金融商品販売法では，金融商品の販売の際に，金融業者が説明すべき事項（たとえば，元本割れの可能性など）が法定化され，その説明を怠ったことで損害が生じた場合には，金融業者は損害を賠償する責任を負うことになりました。

　さらに，2006年に成立した金融商品取引法では，投資性のある商品の募集ルールなどが定められました。通常の保険商品は，同法の対象になっていませんが，変額保険，変額年金，外貨建て保険は同法の対象になっています。

④　顧客本位の業務運営に関する原則

　2017年に金融庁は「顧客本位の業務運営に関する原則」を定めました。この原則では，保険会社などの金融機関が受託者責任（フィデューシャリー・デューティー）（＝他者の信認に応えるべく一定の任務を遂行する者が負うべき幅広いさまざまな役割・責任）をおうことを前提にして，「手数料等の明確化」（原則４），「重要な情報の分かりやすい提供」（原則５），「顧客にふさわしいサービスの提供」（原則６）などが求められています。

　ほとんどの保険会社や保険販売業者がこの原則を採用して，顧客本位の業務運営を行うことを社会に約束しています。

⑤　銀行による保険販売

　やや視点は変わりますが，銀行による保険販売について触れておきます。

　保険商品の販売チャネルの充実を目指して，2001年に規制が緩和され，銀行が一部の保険を窓口に販売できることとなりました。2001年４月に解禁されたのは，住宅ローンに関連する「長期火災保険」や「住宅関連信用生命保険」（住宅ローンの借り手が死亡した場合，保険金でローン

を完済する保険)，「海外旅行傷害保険」などでした。

　その後，2002年10月に，個人年金保険なども銀行窓販の対象になり，さらに，2005年12月に，一時払養老保険などの生命保険，および，自動車保険を除くすべての（個人向け）損害保険が解禁されるなどの対象商品の拡大が行われました。そして，2007年12月には，銀行窓販が全面解禁されました。

　銀行窓口で，すべての必要な金融商品が購入できること（ワンストップ・ショッピング）は，顧客の利便性を高めますし，銀行にとっても新しい収益源として期待されます。ただ，銀行で銀行預金以外の金融商品（元本割れすることがあるような変額保険など）が取り扱われることを十分認識していない消費者も多く，実際に，そうした思い違いに起因するトラブルも少なくありません。銀行における保険販売には，伝統的な保険販売のチャネル以上に，消費者向けの丁寧な説明が求められています。

　銀行が手数料目的で顧客の利益にならない保険を売っているのではないかという批判が強まり，2016年からは，市場リスクのある生命保険商品（変額保険や外貨建保険など）について，銀行は受け取る保険の販売手数料を自主的に開示するようになりました。

5.1.3　金融ADR制度

　2010年10月に，金融分野における裁判外紛争解決手続である金融ADR（Alternative Dispute Resolution）制度が開始されました。たとえば，保険金の支払いに関して，保険会社と保険契約者の間で話し合いをしても問題が解決できない場合に，これまでは裁判所に訴えるしかありませんでしたが，裁判は時間と費用が非常にかかり，個人の保険契約者にとっては負担が大きすぎて，不本意ながら妥協しなければならないことも少なくありませんでした。金融ADRでは，中立・公正な第三者（金融庁から指定を受けた，弁護士などで構成される紛争解決機関）

に関わってもらいながら，費用もほとんどかけずに，迅速に解決を図ることができます。保険会社には，所定の場合を除き，原則として紛争解決機関（生命保険，損害保険業界のそれぞれに設置されています）が提示した和解案を受諾する義務があり，保険契約者が和解案を受諾したときには，和解が成立します。一方，保険契約者の側は，その和解案に満足すれば受諾し，不服である場合には裁判に訴えることができます。

5.2　保険会社の破綻

5.2.1　保険会社の破綻

　自由な参入と競争を認めると，残念なことですが，競争に敗れて経営不振に陥る保険会社が出てきます。

　実際，1997年4月に，大蔵省が日産生命に対して業務停止を命令し，日産生命は破綻しました。これが戦後初めての保険会社の経営破綻でした。表5-1に示したように，これまでに，生命保険会社8社，損害保険会社2社が経営破綻しています。

　それぞれの保険会社の破綻には経営者の暴走など個別事情もありますが，多くの破綻で，次のような共通性がみられます。

　第1に，1980年代に貯蓄性の保険を積極的に販売するために，保険料を安くしました。たとえば，10年後の満期時に100万円を払い戻す一時払養老保険の保険料は，預かったお金をどの程度の利回りで運用できるかによって変わってきます。高い利回りを予定すれば（予定利率と呼びます），少ない保険料となります。契約者からすれば，A社の保険料が50万円，B社の保険料が60万円なら，A社のほうに魅力を感じるのが普通です。1980年代には，5.5%から6%の予定利率が付いていました。

　自由な競争が認められると，保険料を安くする自由もあります。安い保険料をつけることで，たくさんの保険契約を獲得し，集めた資金を

表5-1　　保険会社の経営破綻

1997年4月	日産生命保険相互会社
1999年6月	東邦生命保険相互会社
2000年5月	第一火災海上保険相互会社
2000年5月	第百生命保険相互会社
2000年8月	大正生命保険相互会社
2000年10月	千代田生命保険相互会社
2000年10月	協栄生命保険相互会社
2001年3月	東京生命保険相互会社
2001年11月	大成火災海上保険相互会社
2008年10月	大和生命保険相互会社

使って，積極的な資金運用を行う保険会社もありました。資産運用で高い利回りを実現できなければ，約束どおり，保険金を支払えませんから，積極運用することは当然です。

　第2に，1990年代になって，株価や地価が低迷し，金利も大幅に低下しました。その結果，予定していた運用利回りを獲得できない状態，つまり，「逆ざや」となりました。逆ざやのままに放置すると，赤字を垂れ流すことになります。

　歴史のある保険会社ですと，過去の蓄積（たとえば，株価や地価の安い時代に購入した株式・不動産の「含み益」）があり，その逆ざやを埋める原資がありますが，1980年代に積極的に販売を伸ばした保険会社は，伸ばした規模の割には過去の蓄積がありません。そのために，そのままにしていると，倒産してしまいます。

　そこで，逆境の投資環境にもかかわらず，何とか高い利回りを得ようとして，ハイリスクの投資（他の金融機関が貸し出さないようなリスクの大きな企業への貸出や，投機的な不動産や株式への投資など）を行いました。これが破綻に向かう第3の段階です。1990年代の環境では，こ

うしたハイリスクの投資の多くは失敗になってしまったからです。

　そして，最終段階が，大蔵省の検査の結果や経営陣の判断によって，保険契約者への保険契約の履行ができないことが明らかになって，経営破綻が表面化します。

　一口で言えば，運用能力を超えた保険販売が，多くの保険会社の経営破綻の原因です。

　ところで，1980年代にこうした経営基盤の脆弱な保険会社が，多くの保険契約を集められたことを不思議に思うかもしれません。普通に考えれば，安い保険料を提示する保険会社は，リスクの高い運用を行わなければ成り立たないはずです。すると，あまりに安い保険料を提示する保険会社には，警戒する人が多いと考えられます。

　しかし，実際には，多くの人が安い保険料に引かれて契約してしまいました。その理由は，第1に，1980年代には保険会社が経営破綻するということは普通の人には想定できなかったからです。つまり，破綻リスクについてどの会社でもゼロと考えていたのです。これは，護送船団行政が続くことへの暗黙の期待があったとも言えます。

　第2に，保険の原価がわかりにくかったことも理由だと思われます。保険料を安くするには，運用利回りを高くする以外にも，会社の経費や利益を削ることでも可能です。契約者の中には，他社よりもリスクの高い運用を行っていると思ったのではなく，効率的な優れた経営を行っているのだと考えた人もいたと思われます。この点でいえば，契約者が保険会社の経営内容をよくわかるような情報開示が行われていなかったことが，大きな問題だったと言えます。

5.2.2　保険会社の破綻を回避しない理由

　表5-1で見たように，これまでに多くの保険会社が破綻しています。保険会社が破綻すると，5.3で説明するように，多くの保険契約者に被害が出ます。政府が支援して保険会社の破綻を回避したほうが良いの

ではないかと疑問を持つ人もいるでしょう。しかし，そうした政府の救済策には弊害があります。

　経営に失敗すると破綻してしまうかもしれないという恐れが，保険会社の経営者に緊張感を与えています。いざとなれば，政府が経営不振の保険会社を救済してくれるという期待をもたせると，緊張感が失われてしまい，苦しいリストラなどを避けて，問題の先送りばかりになってしまうでしょう。

　つまり，破綻状態の保険会社だけを考えれば，救済したほうが安上がりといったこともあり得ます。しかし，それを救済してしまうと，市場の規律付け機能がなくなります。これでは，目先は安く付くのですが，将来のより大きな救済コストが生まれてきます。安易な救済は控えなければならないのです。

　その代わり，ある会社の経営破綻が，保険契約者や保険システムに悪影響を及ぼさないことが目指されます。保険全般への不信が高まって，保険会社がいつ倒産するかわからないという不安感から，必要な保険に入れなくなってしまうといった事態は避けなければなりません。健全性の維持に関する厳格な規制や，情報開示規制，さらには，破綻の悪影響の隔離（セーフティーネットの整備など）が不可欠です。

5.3　保険会社破綻時の保護

5.3.1　保険会社破綻時の取扱い

　実際に保険会社が破綻した場合に，どんなことが起こるのかを，2000年5月に経営破綻した第百生命の例で見てみましょう。第百生命の場合，破綻後の金融庁の調査によると，約3,200億円の債務超過状態にあり，そのままの契約内容では，毎年約400億円の逆ざやが発生することが明らかになっています。

　生命保険契約の場合，年齢や健康状態によっては同等の保険に新たに加入することが難しいために，他の会社に保険契約を引き継いでもらうことが原則となっています。第百生命の場合には，マニュライフ・センチュリー生命が引き継ぐことになりました（2001年4月）。この引き継ぎを円滑に進めるために，生命保険契約者保護機構から1,450億円の資金援助が行われました。

　ここまででしたら，保険証書の発行体が第百生命からマニュライフ・センチュリー生命に変わっただけで，保険契約者にはあまり大きな問題ではないようにみえるかもしれません。保険契約者にとって重要なのは，保険契約を移転する際に，保険契約の条件変更が行われることです（図5－2参照）。

　第百生命の破綻処理では，保険の専門用語を使うと，責任準備金を10％カットすることになりました。銀行預金でいえば，100万円の定期預金をしていたのに，90万円の定期預金に変えられてしまったということです。

　さらに，逆ざやを解消するために，予定利率が1.00％に引き下げられました。これは銀行預金でいえば，預金金利6％で定期預金をしていたのに，途中で金利が1％に変更になってしまったということです。

　この大きさの影響を単純な数値例で考えてみましょう。100万円の資金を6％で30年運用するなら574万円になりますが，（1割カットされた）90万円を（5％も金利が引き下げられて）1％で運用すると121万円にしかなりません。受取額は5分の1ほどに減ってしまっており，非常に大きな影響があったことがわかります。実際には保険契約はもっと複雑ですが，第百生命の破綻の場合，受け取れる予定だった年金額が73％も削減された契約者もありました。

　こんな保険でしたらもうやめてしまいたいと思うかもしれませんが，それも簡単にはできないようにされました。というのは，破綻保険会社を引き受ける保険会社がそうするのは既存契約の顧客を受け継げるから

図 5 - 2　　**保険会社が破綻した場合の契約者への影響**

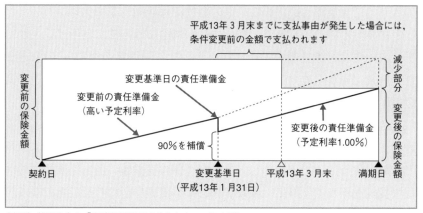

（出所）第百生命の「保険契約移転の公告」（2001年2月）。

です。その魅力がなければ，受け皿会社が現れません。

　第百生命の場合は「早期解約控除制度」が導入され，満期よりも早く解約する場合，解約返戻金が大幅に削減されました。たとえば，１年目の解約の場合には，解約返戻金が20％もカットされることになりました。

　このように，保険会社の破綻は，保険契約者にとって非常に大きな影響が出る重大事です。

5.3.2　保険契約者保護機構

　すでに，第百生命の破綻処理において，生命保険契約者保護機構からの資金援助があったことを説明しました。現在，保険業法に基づいて生命保険と損害保険に関して，それぞれ別の保険契約者保護機構があります。銀行が破綻した場合に預金を保護する預金保険機構とよく似た仕組みです。

　1995年の保険業法の改正で，1996年に保険契約者保護基金が作られていましたが，この仕組みでは破綻会社の受け皿になる保険会社がいないと資金援助できないということが問題になりました。そこで，1998年の

保険業法の改正で，自らが受け皿になれる機能を持った保険契約者保護機構が設立されました。

　まず，生命保険契約者保護機構と損害保険契約者保護機構で，共通している点を説明しましょう。

　それぞれの保険契約者保護機構には，国内で事業を行う全ての生命保険会社と損害保険会社（外資系も含めて）が会員として加入しなければなりません。また，郵政民営化後に発足したかんぽ生命保険（簡易保険）も，生命保険契約者保護機構に加入しています。一方，共済（JA共済など），少額短期保険業者などは，保護機構の会員にはなっていません。

　保護機構の会員会社は，所定の負担金を保護機構に拠出します。この資金が保護機構の活動の原資となります。業界の資金で破綻処理をするのが原則となっていますが，生命保険契約者保護機構に対しては，生命保険会社の拠出のみで対応困難な場合には，暫定的（2022年3月まで）に，国からの支援ができることになっています。

　保険会社が破綻した場合に，保護機構には大きく2つの救済方法があります。第1に，破綻した保険会社の契約を引き継ぐ「救済保険会社」への資金援助です（図5－3）。第百生命の場合もこの方法がとられました。

　第2に，「救済保険会社」が現われない場合です。このときは，保護機構の子会社として設立される承継保険会社への保険契約の承継，または保護機構が自ら契約の引受けを行います。

　強調しておきたいことは，こうした資金援助を行うときに，保険契約をそのままの条件で保護することにはなっていないということです。第百生命のケースのように，保険契約者に大きな負担が生じます。生命保険と損害保険で，負担内容が少し異なりますので，次節以降で別々に説明します。

　なお，本来，お金を貸していた先が破綻した場合，清算手続きや更正手続きに債権者として参加しなければなりません。しかし，普通の保険

図 5 - 3 「救済保険会社」による保険契約の引受け

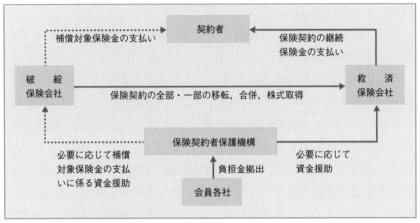

(出所) 生命保険契約者保護機構のホームページ資料を一部修正。

契約者にとってそうした手続きに参加することは知識も時間もありません。そこで，保護機構が，保険契約者に代わって更生手続きに関する一切の行為を行うことで，保険契約者の負担を減らしていることも重要な機能です。

5.3.3 生命保険契約者保護機構

　生命保険契約者の保護の場合，年齢や健康状態によって，保険に入り直すことが難しいことも多いので，保険契約の継続を原則にしています。現在，基本的には，責任準備金の90%を保護することになっています。逆に言えば，10%はカットされます。ただし，保険会社の破綻が予定利率の高い契約から生じる逆ざやに大きな原因があったことから，契約者の間の公平を考えて，予定利率が政府の定める基準よりも高かった契約（現行では3％）については，責任準備金のカット率は10%を超えます。
　責任準備金は，将来の保険金などの支払いに備え，保険料や運用収益などを積み立てているお金です。保険会社に払い込んだ保険料と等しく

はありませんので，預金した金額そのものが元本になる銀行預金とは違います。皆さんが1,000円の保険料を支払っても，募集のための手数料や会社の運営経費などに使われてしまいますので，責任準備金は1,000円よりも相当少なくなります。

　こうした一部保護のスキームの結果，保険契約者への影響は契約している保険の内容によって異なってきます。保険種類別にみると，保障性の高い保険（定期保険等）では，保険金額の減少幅は小さく，貯蓄性の高い保険（養老保険，個人年金保険，終身保険等）では，減少幅が大きくなります。また，予定利率が下がることから，予定利率が高い時期に加入した契約ほど，保険金額の減少幅が大きくなります。保険期間でみると，満期までの期間が長い契約ほど，予定利率の削減効果が大きくなるので，保険金額の減少幅が大きくなります。

5.3.4　損害保険契約者保護機構

　損害保険契約者保護機構の場合，生命保険契約者保護機構とは違って，保険種類によって保護対象の契約者が違ったり，全額保護の保険があったりして複雑になっています。

　詳細は表5－2に示したとおりですが，火災保険などでは，保護の対象は，個人，小規模法人（従業員20人以下），マンション管理組合に限られており，大企業などは対象になっていません（念のためですが，大企業の火災保険に保険金が支払われないというわけではなく，保護機構の保護の対象になっていないというだけです）。

　貯蓄性の強い損害保険（積立保険など）や生命保険に似た傷害保険については（表5－2の下のほう），生命保険とほぼ同じ補償条件となっています。

　一方，自動車損害賠償責任保険（自賠責保険）や地震保険などは補償割合が100％となっています。つまり，保険会社が破綻しても保険契約者には影響がありません。また，補償機能が特に重要である自動車保険，

		保険金支払い	解約返戻金・満期返戻金など
損害保険（下記以外）	自賠責保険，家計地震保険	補償割合100％	
	自動車保険	破綻後 3 カ月間は保険金を全額支払（補償割合100％）3 カ月経過後は補償割合80％	補償割合　80％
	火災保険		
	その他の損害保険 賠償責任保険，動産総合保険，海上保険，運送保険，信用保険，労働者災害補償責任保険　など		
疾病・傷害に関する保険	短期傷害・特定海旅	補償割合　90％	
	年金払型積立傷害保険 財産形成貯蓄傷害保険 確定拠出年金傷害保険		補償割合　90％
	その他の疾病・傷害保険 上記以外の傷害保険，所得補償保険，医療・介護（費用）保険　など		補償割合　90％ 積立型保険の場合，積立部分は80％となります。

（出所）損害保険契約者保護機構のホームページ資料を一部修正。

火災保険などについては，破綻後 3 カ月間に生じた事故については，保険金の全額支払いを保証し，その代わりに 3 カ月を過ぎると80％しか補償しないことにしています。これは，自動車事故などで多額の賠償金の支払いが必要になったとき，10％の削減とはいえ，金額的に非常に大きくなり，保険契約者への悪影響が大きすぎると判断されたからです。要するに，破綻後 3 カ月以内に，別の保険会社の保険に入り直すことを勧めていることになります。

5.3.5　預金者保護との違い

　保険契約者の保護は，預金者保護とは違っています。その理由について少し考えてみましょう。

　銀行の場合は，2002年3月末まではすべての預金が全額保護されていました。現在は，ペイオフが解禁されていますが，それでも元本1,000万円とその利息までは全額が保護されています。保険会社の破綻処理に際しては，金融システム危機の時期でも全額保護は行われていませんし，非常に少額の保険契約でも責任準備金（銀行預金の元本に当たります）のカットが行われ，保険契約者は損失を被りました。

　また，預金の保護においては，10兆円ほどの財政資金も使われました。生命保険については，財政資金を使うことが法的には可能になっていましたが，実際には一度も使われませんでした。それどころか保険契約者保護機構からの資金援助がなく，保険契約者の負担のみで受け皿の保険会社に保険契約が移転された例もあります（千代田生命，協栄生命，東京生命）。

　家計の金融資産を保護するという観点では同じなのですが，明らかに，銀行預金者のほうが，保険契約者よりも手厚く保護されています。

　その理由は，銀行が支払決済を担っていることにあります。銀行預金は現代の経済のお金の役割を果たしています。また，銀行預金は要求払いで，いつでも引き出すことが可能です。そのために，パニック的な預金の解約が起こる可能性があります（銀行取り付け）。それに比べると，保険契約（特に，生命保険）は長期契約が多いですし，途中で解約する場合には払い込んだ額の一部しか戻ってこないのが普通なので，パニック的な解約が起こりにくいです。つまり，銀行のように預金取り付けといったことが起こる心配が少ないことも，保護が弱い理由であると思われます。

　保険と銀行預金にはこうした差異があることから，規制上の扱いは異なっていますが，資産形成という観点から見れば，銀行の定期預金と貯蓄性の保険で目的に違いはありません。家計の金融資産の保護のあり方については，今後も検討が必要です。

1. 皆さんの身近に保険に加入している人がいれば，どのようにその保険を勧められたかや，その保険を選んだ理由について尋ねてみて下さい。そして，どのような情報があれば適切に保険を選ぶことができるのかを考えてみましょう。

2. 1990年代後半から2000年代前半にかけて，多くの銀行や保険会社が破綻しました。その際，銀行預金者に比べて，保険契約者の保護が手厚くなかった理由を考えてみましょう。

3. 国民生活センターは，生活上のさまざまなトラブルについての情報を集めています。保険に関して，どのようなトラブルが発生しているのかを同センターのホームページで調べて，解決策を議論してみましょう。

第6章

金融機関としての保険会社

かつては保険といえば，保険契約をどのように結ぶのかが最も重要な課題でした。現在でもその重要性自体は低下していませんが，この章では，重要な課題となりつつある保険会社に集まった資金をどのように運用していくのかという問題について見ていきます。運用をうまくできなかった保険会社が破綻すること，巨額の資金を運用する保険会社の投資行動が，わが国の経済に大きな影響を及ぼすようにもなってきていることを見ていきます。

6.1 保険会社の資産運用とポートフォリオ

6.1.1 生命保険会社と損害保険会社にとっての資産運用機能

後ほど説明しますが，生命保険会社のほうが損害保険会社よりも，資産運用機能を強くもっています。そこでまず，生命保険会社の資産運用について説明します。高度経済成長期に，わが国の生命保険業は急速に成長を遂げてきました。表3－2で示したように，養老保険などの貯蓄性の商品が中心であったため，生命保険会社は預かった多額の資金を運用するようになりました。生命保険会社は，集めてきた生命保険商品（長期の負債）の特性に応じて，適切な投資先を決めます。生命保険会社が上手に運用できれば，私たちが支払う保険料も安くなります。つまり，上手に運用ができる生命保険会社が良い生命保険会社ということになります。

生命保険会社が保険を引き受けると，必然的に，生命保険会社は資産
運用などの金融業務を行う必要が出てきます。家にお金を置いておくよ
りも，銀行に預けておいたほうが，金利がついて得なように，保険契約
者から預かった資金も運用したほうが保険契約者にとっても，生命保険
会社にとってもメリットがあります。そして，そうした運用の巧拙が，
生命保険会社の経営にとって極めて重要なのです。

　図6-1は，金融市場における各金融機関の相対的な大きさを運用資
産額に基づいて表しています。生命保険会社は，9.3％の比率を占めて
いて，銀行，中小企業金融機関等に次いで，大きな規模で資産運用を行
っていることがわかります。生命保険会社は銀行ほど数が多くないです
から（2019年8月時点で生命保険会社は42社），1社当たりの平均運用
資産額が大変大きいことになります。

　一方で，損害保険会社の比率は0.8％と生命保険会社ほどの規模は有
していません。これは，生命保険の商品は，契約が長期に及ぶ終身・養
老保険，年金がかなりの比率を占めるのに対して，損害保険会社は，積
立傷害保険などの一部の商品を除いて，運用の必要性が少ない短期の自

図6-1　　**金融機関の資産規模の比較（2018年度末）**

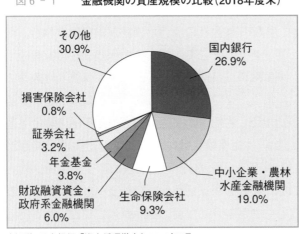

（出所）日本銀行『資金循環勘定』2019年9月。

動車保険などを中心に取り扱っていることから生じています。引き受け
ている保険商品の違いは，資産運用業務の重要性の違いをもたらします。

6.1.2　生命保険会社の資産運用

　では，生命保険会社の資産運用の内容をもう少し詳しく見ていきましょう。図6－2と図6－3は，生命保険会社の資産運用の変遷を示しています。図6－2は1985年時点の生命保険会社の資産運用を表していて，かつて，生命保険会社の運用の中心が，貸付であったことを示しています。

　当然ながら，大きなリターンを得ることだけではなく，生命保険会社は保険金を確実に支払う必要があるので，安全に運用しなくてはなりません。また，銀行とは異なって，生命保険会社は，貸付先の決済状況を確認することができないため，貸付先の状況について，銀行ほど多くのことがわかりません。そこで，貸付は，銀行に追随する形で大企業に対して行われていて，銀行の貸付が減少したときに生命保険会社の貸付は増加するという，補完的な役割を担っていたと言われています。

図6－2　　生命保険会社の資産運用（1985年度末）

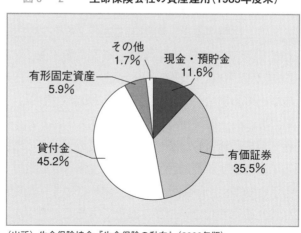

（出所）生命保険協会『生命保険の動向』（2008年版）。

図 6 - 3 　　**生命保険会社の資産運用（2017年度末）**

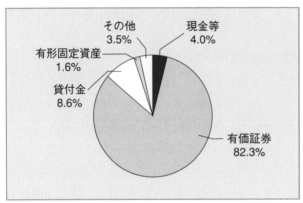

（出所）生命保険協会『生命保険の動向』（2018年版）。

　また，負債側の保険契約が長期に及ぶので，生命保険会社は長期の貸付を行うことができます。この点が，短期の（せいぜい２年か３年の）銀行預金で資金を集める銀行とは異なっていました。高度経済成長期には，長期設備投資資金が慢性的に不足していたために，長期信用銀行の資金と同様に，長期の資金の供給者としての役割が期待されていました。

　図 6 - 3 は，2018年時点の生命保険会社の資産運用を表しています。図 6 - 2 と比較すると，1985年には45.2％を占めた貸付が，8.6％まで低下しています。また，有形固定資産の割合も，1985年の5.9％から，1.6％まで低下しています。一方で，株式・外国証券・国債などの有価証券が占める割合が35.5％から，82.3％まで増加しています。

　貸付には，一般貸付（企業向け・個人向け）と保険約款貸付（保険契約者に対する貸付）がありますが，最近では，どちらの貸付も減少する傾向にあります。不動産について，生命保険会社は，ビルのオーナーであることも多く，不動産価格が上昇し続けていた戦後のわが国では，有力な資産運用手段でしたが，最近ではその役割は小さくなってきています。生命保険会社は，有価証券に投資して資産を運用する機関投資家と

しての性格を強めてきています。

　それでは，生命保険会社が投資している有価証券の内容を詳しく見て
みましょう。表6－1は，1965年，1975年，1985年，1995年，そして
2000年以降は，5年ごとの有価証券の内訳を示しています。国内株式投
資は，かつては有価証券の中でも，最もウエイトが大きく，1965年には
87.9％と，生命保険会社の有価証券への投資といえば，株式投資を意味

表6－1　　**有価証券投資の内訳**

年度末	国債		地方債		社債	
	総資産比 （％）	有価証券比 （％）	総資産比 （％）	有価証券比 （％）	総資産比 （％）	有価証券比 （％）
1965年	0.2	0.7	0.3	1.2	2.1	8.6
1975年	1.6	7.6	0.3	1.4	1.5	7.1
1985年	5.0	14.2	1.3	3.8	4.9	14.0
1995年	14.2	8.3	0.5	5.4	5.7	11.8
2000年	16.6	28.8	3.9	6.8	9.3	16.1
2005年	21.3	29.6	3.9	3.7	8.7	12.2
2010年	41.3	53.4	3.7	4.8	7.9	10.2
2015年	40.5	49.4	3.7	4.5	6.9	8.4

年度末	株式		外国証券・その他証券		有価証券合計	
	総資産比 （％）	有価証券比 （％）	総資産比 （％）	有価証券比 （％）	金額 （億円）	総資産比 （％）
1965年	21.1	87.9	0.4	1.5	5,391	24.0
1975年	18.1	83.4	0.1	0.5	27,919	21.7
1985年	15.1	42.7	8.9	25.2	189,814	35.2
1995年	17.1	35.7	8.4	17.5	896,410	47.8
2000年	15.4	26.7	12.4	21.6	1,104,148	44.3
2005年	14.7	20.5	24.4	33.9	1,508,159	71.9
2010年	5.1	6.5	19.0	25.1	2,479,809	77.3
2015年	5.4	6.6	25.4	31.0	3,005,235	81.8

（出所）『生命保険ファクトブック』各年度版。

した時代がありましたが，6.6％まで低下してきています。株式の割合が減ってきたのは，企業に団体で生命保険を購入してもらうかわりに，その企業の株式を購入するという「政策投資」が減ってきたためであると考えられます。また，株式をたくさん保有しているとソルベンシー・マージン比率が低く出てしまうことも，株式の割合が減っている理由だと考えられます。

　一方で，有価証券に占める国債への投資は，国債の発行がほとんどなかった1965年には0.7％でしたが，その後1985年には14.2％，2015年には49.4％となり，有価証券に占める割合が最大になっています。こうした国債の割合の増加は，わが国の国債発行額が急速に増加している状況を反映していると考えられます。また社債については，発行に対する規制（発行適格基準）が厳格で，大企業でも主な資金調達の手段ではなかったこともあり，1965年の時点では，社債の割合は有価証券への投資の8.6％でした。その後，社債市場の整備とともに2000年には16.1％まで増加しましたが，2015年には8.4％と規制緩和以前の水準に戻っています。

　同様にして，外国証券・その他証券の割合は，1965年には1.5％でしたが，2015年には31.0％と，近年増加しています。2012年4月までは，一般勘定の運用に関して，国内株式は一般勘定の30％，外貨建て資産は30％，不動産は20％（3：3：2規制と呼ばれている）という規制が存在していました（第4章参照）。国内の株式や債券だけに投資していると，国内の景気や金利によって，保険会社の運用成果が大きく変動してしまいます。特定の国に大きく投資していると，その国の経済の状況に運用成果が大きく影響されてしまいます。運用成果の大きな変動を避けるために，保険会社は，さまざまな地域への有価証券投資を増やして，国際分散投資を行っています。また，保険会社は運用の手段として，貸付金の額を減らして，有価証券の額を増加させていますが，これも運用手段を多様化させることで，特定の運用先の成果に運用成果が大きく影響されてしまうことを避けようとしているのだと理解できます。

　生命保険会社の資産運用の基本原則には，「安全性の原則」，「収益性の原則」，「流動性の原則」，「公共性の原則」があります。安全性を重視することと，海外へ分散投資することは矛盾していません。日本国内の株式や国債ばかりに投資することは，急速に成長する海外の途上国へ投資する機会を失うばかりではなく，収益が過度に日本の景気に左右されるため，実はリスクが高いのです。

　他にも，独占禁止の観点から，生命保険会社の株式保有に関して，当該会社の発行済み株式の総議決権数の10%以内（銀行は5%以内）とするという規制が存在しています。こうした生命保険会社の運用に関する規制が変化すると，わが国の生命保険会社が投資している有価証券の割合もさらに変化していくかもしれません。

6.1.3　損害保険会社の資産運用

　図6-1で確認したように，資産運用に占めるわが国の損害保険会社の規模は，決して大きくはありません。損害保険会社にも，積立傷害保険のように，運用が必要になる商品もありますが，多くの商品が自動車保険などのいわゆる「掛け捨て」の商品なので，それほど運用が必要ありません。このため，保険会社の資産運用というと，生命保険会社が注目されるのが実情です。

　図6-4は，2018年度のわが国の損害保険会社の資産運用を表しています。2018年度末では，有価証券が74.5%と大きな割合を占めています。大事故が発生した場合にただちに支払いができるように，損害保険会社は，伝統的に，市場性の高い有価証券での運用を盛んに行ってきました。

　この章の冒頭で損害保険会社の資産運用は，生命保険会社の資産運用に比べて規模が小さいことに触れましたが，実際に，損害保険会社の資産は32.5兆円と，生命保険会社の381.2兆円の10分の1以下の規模に過ぎません（2017年度末）。こうした生命保険会社と損害保険会社の違いは，取り扱う保険商品の特性の違いから生じていることは冒頭で確認したと

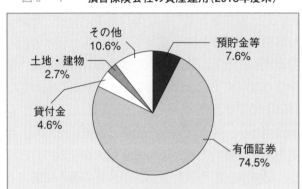

図6-4　損害保険会社の資産運用（2018年度末）

その他
10.6%

預貯金等
7.6%

土地・建物
2.7%

貸付金
4.6%

有価証券
74.5%

（出所）損害保険協会『日本の損害保険　ファクトブック2019』。

おりです。

6.2　機関投資家とコーポレート・ガバナンス

　株主は企業の所有者であり，企業をコントロールする権利をもっています。大企業には株主が多数いて，その株主たちは他の多数の企業にも投資しています。株主は経営のプロではありませんから，経営者を選んで，彼らに経営を委託します。つまり，経営権に関して，株主はプリンシパル（依頼人）で，経営者はエージェント（代理人）となります。

　しかしながら，プリンシパルはエージェントと同一人物ではないので，エージェントが怠けたり不正を働いたりせず，企業の利潤最大化のために努力しているのかプリンシパルにはわからないという，情報の非対称性が常に存在します。プリンシパルは，いつもエージェントの監視をしていられるわけではないので（仮に，完全に監視しようとすると，毎日企業を訪問しなくてはならないなど，莫大なコストがかかります），エ

ージェントには，非効率な経営をする余地があります。プリンシパルが直接経営した場合には生じないものなので，こうしたコストを株主と経営者の間のエージェンシー・コストと呼びます。

　機関投資家は，こうしたエージェンシー・コストを削減できるかもしれないと期待されています。株主などの投資家は，できるだけ少ない費用で，非効率な経営が行われる可能性を減らしたいと考えています（怠けるかもしれない，不正を働くかもしれないと，エージェントを「性悪説」の立場から見ています）。個人が投資先の経営をきちんと監視しようとすれば，仕事を辞めて投資先の企業を訪問するなど，莫大な犠牲を払わなければなりません。

　ところが，機関投資家は，１社について多くの株式を保有しているので，ある程度のコストをかけたとしても，エージェンシー・コストを減少させて，株価を上昇させられれば，便益がコストを上回ることになりますので，投資先を監視する経済的な動機をもちます。

　生命保険会社は，多くの有価証券を保有する機関投資家としての性質を強めてきています。機関投資家が，投資先の企業を監視し，経営者が株主の利益にならない経営をしていると判断すれば，経営に関する意見を表明し，投資先企業が非効率な経営に陥らないように働きかけています。

　かつての生命保険会社は，商品の販売を促進する戦略の一環として，生命保険会社の商品を購入してくれる企業の株式を購入して，保有していると言われていました。このため，従来はそうした企業の株式について，反対の議決権を行使することは難しい状況にありました。

　ところが，近年では，生命保険会社が保有する株式の価値が低迷しているため，企業との直接対話や株主議決権を行使してでも，長期的に株式価値の増大を図ろうとする生命保険会社が出てきました。株主議決権の行使に関して，独自に制定した基準で，株主の利益が損なわれないかを検討して，議決権を行使するという方針を打ち出す生命保険会社も出

てきています。

　近年，わが国でも，敵対的買収の提案や買収防衛策の導入が行われるようになってきました。従来は，銀行や生命保険会社は，株主にとっては魅力的な提案でも，企業の経営陣にとって不利な提案に対して同調しなかったため，「モノ言わぬ株主」と揶揄されることもありました。

　しかしながら，生命保険会社も投資先の企業の経営成績が重要になってきていて，生命保険会社の動向が，敵対的買収や買収防衛策の導入の成否を決定する局面が増えてきています。つまり，わが国の企業の企業統治（コーポレート・ガバナンス）のあり方に，生命保険会社の判断や行動は大きな影響を及ぼす可能性があります。

　実際に，アメリカでは，年金基金や生命保険会社などの機関投資家が，経営者に対して経営に関する提案を行い，それが受け入れられることがあります。そして，こうした機関投資家の行動は，株式市場で評価される傾向があることが知られています。

6.3　予定利率と逆ざや問題

　第2章で説明しましたが，生命保険の保険料は，予定死亡率，予定利率（生命保険の契約者に対して約束する運用利回りのこと），予定事業費率という3つの計算基礎に基づいて計算されます。平準保険料を採用すると，死亡率の低い時期には，その年齢で妥当だと考えられる保険料（自然保険料と呼ばれます）よりも高い保険料を払うことになります。この差額部分が，積み立てられて運用されるのですが，この運用によって得られるリターンの部分をあらかじめ見積もって，その分だけ保険契約者が支払う保険料を安く設定します。保険期間中に運用によって得られるリターンをあらかじめ見積もった利率のことを予定利率といいます。予定利率が高ければ，高いほど保険契約者が支払う保険料が安くなり，

保険契約者にとって望ましい状況になります。

　図6-5は，公定歩合，予定利率と運用利回りの推移を示しています。プラザ合意とその後の急激な円高を受けた景気対策として，わが国の公定歩合は1985年以降引き下げられていきました。公定歩合が引き下げられると，運用によって得られるリターンの見込みは低くなるため，予定利率を低くする必要があります。ところが，図6-5を見ると，公定歩合が引き下げられているにもかかわらず，予定利率はしばらく引き下げられていないことがわかります。その後，1990年に引き下げられ，続いて1993年，1996年，1999年にもそれぞれ引き下げられています。一方で，1980年代には6％以上あった生命保険会社の運用利回りは，1990年代に入ると急速に低下し続けて，1998年には2.01％まで低下しています。

　図6-5からもわかるように，（運用利回り）-（予定利率）は，1990年までは，この差が一貫してプラスなのですが，1991年から1998年の間では，1996年を除いて一貫してマイナスが続いています。たとえば，1994年の時点では，新たな保険契約者に対して，5.5％で運用することを約束していますから，その年の実際の運用成果が4.35％であれば，その新契約では1.15％の損をしていることになります。5.5％で運用することを保険契約者に対して約束していますが，その後，実際の運用の成果はどんどん下がっていきますから，生命保険会社の損失が膨らんでいったことになります。

　1991年からこうした状態が始まりましたが，重要なのは，マイナスの状態が続き，損失は新規契約からだけではなく，既存の契約からも発生していたという点です。

　これが「逆ざや問題」と呼ばれる問題です。金利が高い時期に，高い予定利率の商品を販売したため，バブル崩壊後に，低金利になっていく局面で，多くの逆ざや（実際の運用が予定利率を下回ること）を抱えることになりました。1980年代の予定利率が高い時期にたくさんの一時払養老保険などを販売していた生命保険会社ほど，この逆ざやの問題が深

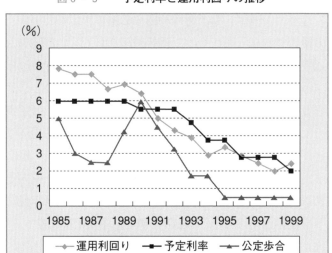

図6-5　　予定利率と運用利回りの推移

（注）　予定利率については，保険期間10年超などの養老保険の一般的な水準。
（出所）金融庁「第3回第二部会資料」（2003年4月25日）を一部修正。

刻になりました。

　低い運用利回りが一時的なものであれば，予定死亡率や予定事業費率
のプラスの分で，高過ぎた予定利率から生じる損失をカバーすることも
できます。しかし，実際には，低金利が常態的になり，一時払養老保険
など貯蓄性が高い保険を販売することで資産規模を急成長させた生命保
険会社の多くが，1990年代後半から2000年代前半に破綻しました。

　生命保険は，非常に長い期間に及ぶ契約ですから，あらかじめ見積
もった金利で商品を販売することは，生命保険会社が，金利の変化に関
するリスクを抱えることになります。1990年代半ばから始まった超低金
利政策は，不良債権に苦しむ銀行や過剰債務に苦しむ企業を救済するこ
とになりましたが，長期の生命保険契約を抱える生命保険会社には，運
用成果が上がらない苦しい環境をもたらしました。

　生命保険会社の破綻が，保険契約者に深刻な影響をもたらすことは，

第 5 章で確認したとおりです。超低金利政策は，貯蓄を取り崩しながら生活している高齢者にも苦しい環境をもたらしました。超低金利政策がすべての人に望ましい政策ではなかったことには注意が必要です。

6.4　既存契約の予定利率の変更

　第 5 章では，実際に生命保険会社が破綻すると，私たちの生命保険契約は，「予定利率」（金利）と「責任準備金」（元本）の二重の削減が行われるので，破綻は私たちの生命保険契約に非常に大きな影響をもたらすことを見てきました。それでは，逆ざやの問題で生命保険会社が破綻してしまうような事態を事前に避けるために，予定利率を引き下げることはできないのでしょうか。破綻してしまうと，保険会社のブランド価値や優秀な人材を失うことになり，かりに受け皿会社が見つかっても，企業価値は大きく破壊されてしまうからです。

　しかしながら，破綻していない保険会社の保険契約の予定利率を引き下げることには，検討するべきいくつかの課題が存在しました。

　まず，個人保険の約款には，予定利率の引き下げを想定した条文が存在していませんでしたので，法律的な問題がありました。次に，予定利率を下げるのであれば，保険契約者に大きな負担を押しつけることになるので，当然，経営者の経営責任を問う必要があります。他にも，予定利率の引き下げを議論すること自体が，消費者の保険離れを加速させるとか，予定利率の引き下げを行う場合，更なる情報開示が必要であるといった意見が出されました。

　最終的には，2003年の改正保険業法で，破綻する前に，生命保険会社に予定利率を引き下げることを認めました（下限は 3 ％）。しかしながら，予定利率の引き下げは，保険契約者にとって，受け取る額が減少することになるので，安易な予定利率の引き下げが認められないように，

厳格な手続きを経ることにしました。

　また，生命保険会社は，安易に予定利率の変更を行うことはないだろうとも考えられます。なぜなら，契約者に対して約束した予定利率を引き下げることを議論し始めただけでも，その生命保険会社に対する信頼が失われ，解約の増加や新規契約の募集難を招く恐れがあるという，消費者からの規律付けが働くからです。

　規制緩和が進み，保険料の競争も存在する市場環境においては，資産運用をうまく行うことが，保険会社にとって今まで以上に重要な課題になってきています。

| Challenge | 挑んでみよう！ |

1. 日本の上場企業の株式を最も保有しているのは，どのような金融機関かを調べてみましょう。

2. 生命保険会社が，投資先企業の株主総会で反対票を投じたのは，どのような議案だったか調べてみましょう。

3. 東日本大震災の直後に，日本の損害保険会社が原因で，円高が進んだと言われていたのはなぜなのかを考えてみましょう。

第7章

保険会社の経営課題

　21世紀に入って，さまざまな制度の変化がどんどん速くなってきています が，保険を取り巻く環境の変化も例外ではありません。この章では，保険業における合併や保険業と銀行業や証券業との提携，相互会社の株式会社化，国内外からの新規企業の参入，新しい保険商品の開発とその販売方法の変化など，近年の保険業において起こっている目まぐるしい変化を見ていきます。

7.1　環境変化と保険会社の経営課題

　戦後のわが国では，生命保険業・損害保険業ともに，市場が急速に拡大してきました。わが国の生命保険業は世界の中で第2位（収入保険料基準），損害保険業では，第4位の規模を占めるようになりました。

　しかし，今後のわが国の保険市場は，長期的に縮小していくことが予測されています。図7－1は，わが国の今後の人口構成の予測を示しています。すでに，わが国の人口は減少し始めており，とくに，15歳から64歳という，主に保険に加入する人口が今後大きく減少していきます。

　また，保険会社を取り巻く社会の状況も大きく変わっています。かつてのわが国では，男性が家の外で金銭を稼ぐための労働に従事し，女性が家事サービス・子供の養育のように家の中で行う非金銭的な労働に従事することが一般的でした。しかしながら，最近では，乾燥機付き自動洗濯機で留守の間に洗濯・乾燥が済んでしまうなど，多くの家事サービ

図7－1　　　**わが国の人口構成**

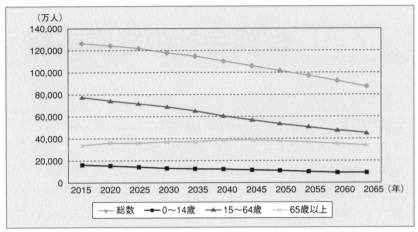

（出所）国立社会保障・人口問題研究所「日本の将来推計人口（平成29年推計）報告書」（出生中位
〔死亡中位〕推計）。

スにかかる時間がかつてに比べると大幅に短縮されつつあります。さらに，掃除の代行などに金銭を支払って，家事サービスを享受できるようにもなってきました。そこで，近年では，若い世帯を中心に，夫婦共働きという世帯も増えています。夫婦が共に家の外で金銭を得る労働に従事するようになると，かつては「一家の大黒柱」に対して需要の根強かった死亡保障を中心に，保険に対する需要が減少していくことが予測されます。

　実際に，こうした年齢構成や生活の変化はすでに保険契約の伸びの鈍化に現れ始めています。図7－2は，生命保険新規契約高（個人）を示しています。1990年代のピーク以降，ほぼ一貫して新規契約高が減少傾向です。このままではじり貧になりますので，生命保険会社は，保険商品を販売する新しいチャネルを開拓したり，海外へ進出しようと試みています。また，保険会社を取り巻く環境が目まぐるしく変わる中で，組織形態の変更を行ったり，新しい商品開発を行ったりしています。

　生産年齢人口の減少やライフスタイルの変化により，伝統的な保険商

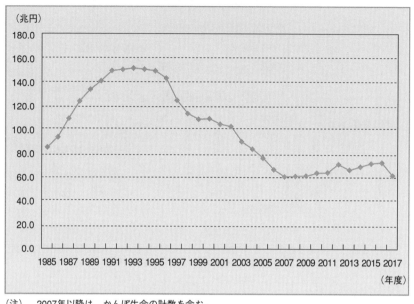

図7−2　　生命保険新規契約高（個人）

（注）　2007年以降は，かんぽ生命の計数を含む。
（出所）保険研究所『生命保険統計号』（各年版）より作成。

品を販売していれば，保険料収入が自然に拡大していくという，従来の
ビジネスモデルは成立しなくなりました。一方で，長寿化による医療・
介護ニーズの増加，ITの進展による新たなリスクの出現など，新たな保
険ニーズが生じています。したがって，こうした経営環境の変化にうま
く対応できた保険会社だけが成長していけることになるでしょう。
　この章では，効率性の問題や市場の成長の鈍化から生じる保険会社の
課題と，そうした問題を解決しようとする新しい試みに注目していき
ます。

図7-3　　相互会社のガバナンスの概要

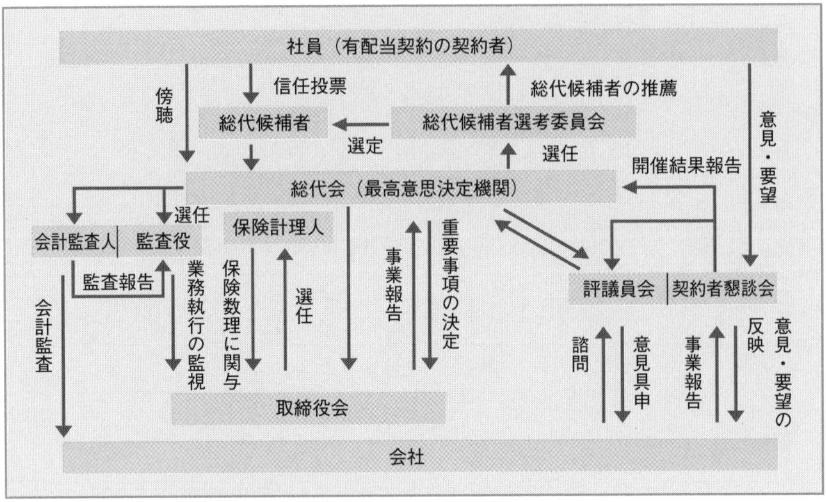

（出所）金融審議会「第15回第二部会資料」（2004年1月16日）を一部修正。

7.2　相互会社と株式会社

　保険業には，相互会社という特殊な企業形態が存在します。相互会社の特徴は，保険契約者が，同時に社員として事業運営に参加するという形態を取っていることです。相互会社の意思決定機関は，社員（＝保険契約者）から選ばれた総代によって構成される総代会です。図7-3は，相互会社の仕組みを表しています。

　相互会社は，社員が事業運営に必要な実費のみを用い，保険を必要とする社員が自治的な運営を行うことで，安くて良質な保障を提供できる（実費主義）と言われています。また，株主が存在しないため，契約者と株主の対立が存在せず，事業の成果を契約者に還元することができると指摘されています。相互会社は，実費主義の考え方を踏まえて，当期

表 7 - 1　　株式会社と相互会社の比較

	株式会社	相互会社
性質	営利を目的とする団体（会社法に基づき設立される）	営利も公益も目的としない中間法人（保険業法に基づき設立され，会社法上の会社には属さない）
資本	株主（会社の構成員）	基金拠出者
構成員	株主	社員＝保険契約者
意思決定機関	株主総会	社員総会（総代会）
保険関係	営利保険（保険契約により保険関係が発生する）	相互保険（社員関係と保険関係が発生する。なお，非社員関係の契約も認められている）
損益の帰属	株主（ただし，契約者配当が法に規定されている）	社員

（出所）金融審議会「第 3 回第二部会資料」（2003年 4 月25日）を一部修正。

の剰余金の少なくとも80％を配当にあてなければならないこととされていました。ただし，保険会社の健全性を充実させる必要性が出てきたために，現在では配当にあてなければならない最低限の比率は20％になっています。

　そうした利点の一方で，相互会社は株式の発行などで，機動的に資金を調達することができないこと，また株式市場からの規律付けが働かないなど，欠点も持ち合わせています。また，総代選出の社員投票は，保険の契約高に応じた選挙権が与えられるわけではなく，1 人 1 票の原則で行われるため，個々の社員（契約者）が，経営者を監視する動機が弱くなることも指摘されています。また，実質的に，経営者が総代候補を選出しているため，経営者による企業支配が進みやすいという指摘もあります（表 7 - 1）。

　図 7 - 4 は，2017年度の時点で，相互会社と株式会社に分類して，保有契約高（個人向け保険）を比べています。図からは，相互会社が保有

図7－4 　保有契約高における
相互会社と株式会社の割合（2017年度末）

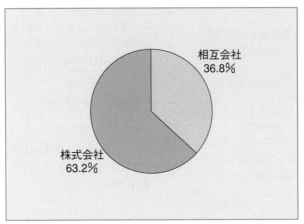

（出所）保険研究所『生命保険統計号』（2018年版）より作成。

している生命保険契約が，全体の４割弱を占めていることがわかります。
図7－5は，新規契約高について比較しています。

　かつては，新規契約高でも，保有契約高でも，相互会社のほうが多か
ったのですが，相互会社から株式会社への転換や，新しい生命保険会社
の参入，そして，かんぽ生命の誕生によって，近年では，新規契約高で
も保有契約高でも，相互会社よりも株式会社の割合のほうが多くなりま
した。

　市場機能を金融機関の監督に用いていこうとする動きがあることは，
第４章で述べたとおりです。上場している株式会社は，悪い経営をして
いれば株価が下落し，良い経営をするようにという経営者へのプレッシ
ャーになります。上場していなかったとしても，外部の株主の意思で，
経営者が交代させられる可能性は常に存在します。ところが，相互会社
では，こうしたメカニズムが働きません。さらに，海外へ事業の展開や
国内保険会社の再編成などで，M&A（合併・買収）が必要になった場
合にも，株式の発行などで機動的な資金調達ができないことは相互会社

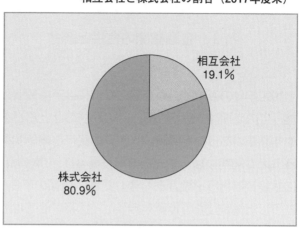

図7−5　新規契約高における
相互会社と株式会社の割合（2017年度末）

（出所）保険研究所『生命保険統計号』（2018年版）より作成。

の制約となります。つまり，保険会社に生じてきた新しい課題に対応するのに，相互会社は馴染まないという考えが出てきました。

　そこで，新しい保険業法の下では，相互会社から株式会社へ転換することが可能になりました。かつては，損害保険業にも2社の相互会社が存在しましたが，現在は1社が破綻し，残る1社が株式会社化を行ったため，現在のわが国では相互会社形態の損害保険会社は存在していません。一方で，生命保険業では5社の相互会社が存在しています（2019年8月時点）。

　わが国の生命保険業界で，相互会社が株式会社に転換した事例もあります。たとえば，2002年には大同生命，2003年には太陽生命，2004年には三井生命，そして2010年には第一生命が株式会社化を行っています。これは，相互会社であることのメリットが減って，株式会社であることのメリットが意識されたためであろうと考えられます。

　一方で，すべての生命保険会社が株式会社に転換したわけではありません。相互会社形態のメリットも依然として存在していて，どちらの形

態を選ぶのかは，経営上の判断だということになりそうです。

7.3　金融機関の合併と統合

　1990年代の後半は，わが国の銀行業は不良債権問題に直面していました。この時期は，銀行は貸出での利益のほとんどを不良債権の処理に費やす必要があったと同時に，欧米の銀行と競争するために，銀行業を行ううえで必要になってきた情報技術（IT; Information Technology）にも投資を行う必要がありましたが，巨額の不良債権を処理しながら，こうした情報技術の投資を行うことは不可能でした。そこで，情報技術の投資に必要な資金をまかなうために，銀行の合併が進展したと言われています。

　新たな情報技術の投資を必要としているA銀行，B銀行の2つの銀行があったとします。新たな情報技術の投資のために1,000億円が必要だったとすると，A銀行，B銀行がそれぞれこの情報技術の投資を行う場合，各銀行が1,000億円，合計で2,000億円の情報技術の投資のための資金が必要になります。

　ところが，A銀行とB銀行が合併すれば，状況は変わります。A銀行とB銀行が合併してできたC銀行も1,000億円の情報技術の投資のための資金が必要になりますが，合併する前は，2,000億円もの資金が必要だったことを考えると，元々のA銀行・B銀行が負担しなくてはならない額は，1行当たり500億円に半減しています。つまり，規模が大きくなると，同じサービスを提供するのにかかるコストが減少することがわかります（規模の経済）。

　わが国の銀行業に限らず，現在世界中の多くの金融機関の規模が合併によって大きくなっています。わが国の生命保険業や損害保険業でも，いくつかの企業が合併し，保険会社の規模が大きくなっていますが，こ

表 7 - 2　　　3 大損保グループの概要

グループ名	個社名	個社合計	グループ合計	比率
SOMPO HD	損保ジャパン日本興亜	21,680	22,060	26.6%
	セゾン	380		
東京海上HD	東京海上日動	21,448	23,149	27.9%
	日新	1,418		
	イーデザイン	283		
MS&AD HD	三井住友	14,944	27,543	33.2%
	あいおいニッセイ同和	12,220		
	三井ダイレクト	379		
その他			10,187	12.3%
各社合計			82,938	100.0%

（注）　主なグループ傘下の会社の正味収入保険料（2017年度）（単位　億円）
（出所）『インシュアランス損害保険統計号　平成30年度版』

うした金融機関が巨大化している背景には，この規模の経済を働かせよ
うという狙いがあるものと考えられます。表 7 - 2 が示すように，特に
損害保険業では合併が進み，上位 3 グループの市場シェア（保険料収入
ベース）が90％ほどという状況になっています。

　もちろん，こうした金融機関の巨大化にも問題がないわけではありま
せん。まず，金融機関の数が減少していますので，産業組織の観点から，
寡占・独占の弊害が懸念されています。また，金融機関が破綻した場合
に，政府が救済すると事前にわかっていると，経営者に対する規律付け
が働きません。そこで，原則としては，金融機関が破綻しても，政府は
その金融機関を救済しないのが望ましいことになります。ところが，破
綻した金融機関の規模があまりにも大きいと，too big to failの問題
（経済への影響が大きすぎて金融機関を潰すことができない）が深刻に
なるという弊害が生じます。

また，近年の金融業の特徴は，大きな金融機関の規模がますます大きくなっているのと同時に，保険業・銀行業・証券業という異なる業種の間での統合が進んでいることです。異なる業種での統合のメリットとしては，たとえば，住宅ローン借入者に，同時に火災保険を販売するような場合，通常よりも少ない費用で火災保険を販売することができます（範囲の経済）。第5章で見た銀行の窓口販売は，こうした「ワンストップ・ショッピング（1つの金融機関を訪れることで複数の金融商品を購入できる）」の効果を大きくしようとしているものと解釈できます。

　実際に，1990年代の後半のアメリカでは，銀行業と保険業の企業が統合する試みがありました。現在わが国でも，銀行業と証券業の統合が進展していて，持ち株会社の形で，いくつかの銀行と証券会社が統合しています。ところが，保険会社が，他の産業と持ち株会社形態で統合しているケースは世界の中でも数が少ないので，保険業はこうした統合によるメリットが小さいのかもしれません。

7.4　リスク細分型の新しい保険商品

　戦後のわが国では，金融業は厳しく規制されていたため，生命保険業では20社の体制が維持され，しばらくは参入も退出も起こりませんでした。その後，1973年にアリコ・ジャパンが営業を開始して以降，段階的に参入が進みました。その後，1996年の保険業法の改正で，生損保の相互参入が子会社形態で認められることになりました。その結果，1996年8月には生保系損保子会社6社，損保系生保子会社11社が設立され，同年10月から営業を開始しました。その後も新規参入が続き，かつてに比べると保険市場は競争的になってきています。

　競争が激しくなってくると，他の保険会社とは異なった商品やサービスを提供しようと試みる会社が出てきます。規制の緩和で，そうした商

品を実際に販売することの障害もなくなっています。

　たとえば，自動車保険では，リスクの違いに応じて，保険料が変わるという商品を扱えるようになりました。ちなみに，現在では，年齢／性別／運転歴／使用目的／使用状況（年間走行距離など）／車種／安全装備（エアバッグ・ABS・衝突安全ボディなど）／所有台数／地域という9つのリスク要因で保険料に差をつけてもよいことになっています。たとえば，若い人は，事故を起こす確率が高いと考えられて，高い保険料を課されるようになりました。

　図7－6は，わが国の，年齢別に，免許人口10万人当たり死亡事故件数を見ています。16歳から19歳が交通事故を起こす確率は，30歳〜34歳の3.5倍にもなっています。すると，16歳〜19歳の人は，30歳〜34歳の人の3.5倍の保険料を支払わなくてはなりません。それでは，実際の自動車保険の保険料は，どのようになっているのでしょうか。

　たとえば，トヨタプリウス（型式:ZVW51），30歳以上，20等級，ゴールド免許，年間予想走行距離11,000キロ以下，車両保険（一般型）ありの自動車保険で41,860円となります。一方で，同じ車，同じ条件の自動車保険でも，21歳以上となると67,510円と，実際の事故を起こす確率を反映して，保険料も高くなっています（ソニー損保のホームページ，2019年10月時点）。

　なお，これらの保険料は本章執筆時点で具体的な例を示すために著者が確認した数字です。時間の経過によって変わることが考えられます。契約者が初めて自動車保険に加入する場合，等級（数字が大きいほど割引が大きい）が，例のように20等級もないことが多いため，初めて車を購入した大学生の年間の保険料の支払いが40万円を超えるという事例もあります。さらに，プリウスよりも排気量の大きい車やよりスポーティーな車では，事故の確率が高くなると考えられて，さらに車両保険（詳しくは，第10章を参照してください）の保険料が高くなり，自動車保険の負担は高額になる傾向があります。

図7-6　　年齢層別の死亡事故件数（免許人口10万人当たり）

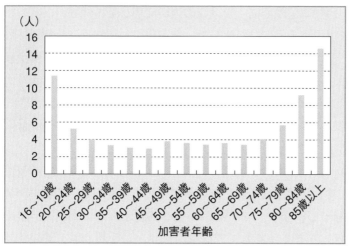

（出所）警察庁交通局（平成30年2月）「平成29年における特徴等について」

　生命保険会社も，リスクの違いに応じて，保険料が変わるという保険を扱うようになりました。たとえば，「喫煙の有無」，「身長・体重」，「血圧値」などに応じて保険料に差をつけています。ある保険会社では，35歳男性（保険期間10年の定期保険・保険金額5,000万円）は，標準体では保険料が13,000円であるのに対して，非喫煙優良体では保険料が6,300円と標準体の半額以下の保険料に設定する商品が出てきています。

　こうしたリスク細分型商品では，リスクに応じて価格が設定できる点で，リスクの低い人が，不要に高い保険料を支払わなくて済みますし，喫煙をしないで健康に気をつけよう，安全運転をして保険料の支払いを抑えようという経済的な動機をもつことになります。つまり，リスク細分型商品は，「喫煙をしない」，「安全運転をする」といった方向へ，人々の選択を促す可能性があります。

　一方で，リスクの高い人の保険料は，従来の保険料よりも高くなります。つまり，リスク細分型商品では，従来の保険料よりも高くなる人と，

安くなる人がいることには注意が必要です。

7.5　新しい販売チャネル

　生命保険の場合，営業職員による対面販売が主流でしたが，インターネットだけで生命保険を販売する会社も出てきています。たとえば，こうした会社の生命保険では，31歳男性が死亡保障1,000万円，保険期間10年の生命保険に加入すると，月々1,392円ですが，違う会社では，同様の保障，同様の保険期間の商品が，月々4,110円と価格が大きく異なっています。コストを削減するために，インターネットだけで保険を販売する会社が出てきたことから，他社も保険料を下げるなど，価格の引き下げが始まっています。

　インターネットで保険を販売することのメリットは，付加保険料の部分を小さくできるので，保険料を安くできることです。わが国では，伝統的に，生命保険商品は営業職員が，損害保険商品は代理店が販売することが中心でした。営業職員に賃金，代理店に手数料を支払う必要がありましたが，インターネットで保険を販売すれば，賃金・手数料を支払う必要が少なくなりますので，保険料が大幅に安くなります。

　ところが，インターネット上での保険商品の販売についても限界はあります。たとえば，保険商品の多くは非常に複雑なため，商品についての説明が必要になります。ところが，インターネットでの販売では，営業職員などが複雑な商品についての説明ができません。実際に，インターネットで販売されている保険商品は，定期保険や自動車保険といった，保険商品の中でも複雑ではないものが中心です。

　また，インターネット上での保険商品の販売には問題も存在しています。まず，対面で販売する場合に比べて，虚偽の報告が行われる可能性が高いかもしれません。生命保険については，虚偽の報告をして保険に

加入する人を防ぐために，保険金額が大きい場合には，医者の診断書を提出するように要求しています。自動車保険についても，年間の走行距離で虚偽の申告をしてないかどうか，事故のために保険金の請求が行われた場合に念入りにチェックしています。しかしながら，対面で販売する場合に比べると，虚偽の報告を防ぐ精度は低くなることが予測されています。

　既存の保険会社は，営業職員や代理店を用いた保険商品の販売を行っていたため，インターネットでの販売に必ずしも積極的ではありませんでした。新たに参入した保険会社は，こうした営業職員や代理店網をもたないため，そうした新規参入の保険会社がインターネットなどを使って保険商品の販売を行うといった形で，棲み分けができています。

　一般的に，営業職員や代理店を用いた保険商品の販売を行っている会社では保険料が高く，営業職員や代理店網をもたない会社では，同じような商品でも保険料が安くなる傾向があります。

　しかし，保険料（価格）が安いかどうかだけで保険商品の優劣を決めることはできません。なぜなら，インターネットでの販売によってコストが削減されているので安いだけではなく，配当がない，解約返戻金がないなどの条件の違いもあるので，よく商品の内容を確認する必要があります。さらに，保険という商品は，製造業などと違い，コストが後で決まる商品なので（事象が発生してコストが確定する），安易な価格の値下げに反対する意見も根強くあります。

　また，近年は，保険ショップと呼ばれる，代理店で保険を購入する人が増えてきました（第15章参照）。従来，主流であった生命保険会社の営業職員から保険を購入する場合，その会社の保険については詳しい説明を聞けますが，他社の保険商品を選択することはできませんでした。また，インターネットの生命保険会社や通信販売の生命保険会社から購入するには，消費者が保険に関する知識を有していないと，適切な保険を選択できません。銀行の窓口は，貯蓄性の保険商品の取り扱いが中心

で，リスクに備える保険商品の取り扱いは十分ではありません。

　保険ショップは駅前やスーパーなど，来店するのに便利な場所に立地していて，多くの保険会社の，多様な保険商品を取り扱っていることが多いのが特徴です。私たち消費者は，通勤・通学の途中や買い物のついでに保険ショップに立ち寄り，アドバイスを受けながら，多くの保険商品から，自分のニーズに合った保険を購入することが可能になりました。ただし，保険ショップでの保険の購入にも問題がないわけではありません。保険ショップの従業員は，多くの保険商品の中から，私たちに望ましい商品ではなく，保険ショップが保険会社から最も多くの手数料を受け取れる商品を勧めている可能性もあるからです。

　このように保険の販売チャネルが多様化しましたが，それぞれに強みと弱みがあります。しかし，いずれの場合でも，消費者に信頼してもらえなければ，誰もそのチャネルから保険商品を買おうとはしないでしょう。顧客本位の業務運営態勢の確立が保険会社経営の大きな課題です。

7.6　海外の保険市場の動向

　次に，海外保険市場の動向について見ていきましょう。図 7 - 7 は，収入保険料（ドル建て）を基準にして，生命保険業の中でも規模の大きい国に焦点を当てています。世界の中で，わが国の生命保険業は，アメリカ合衆国についで 2 番目の規模です。その次が中華人民共和国で，その後に，イギリスやフランスなどの欧州諸国が続いています。上位 3 カ国で，世界の生命保険市場のシェアの半分近くを占めていて，上位 7 カ国で世界の生命保険市場のシェアの約 3 分の 2 を占めていることがわかります。つまり，こうした国以外の生命保険市場は，まだまだ成長する余地があると考えられます。

　表 7 - 3 は，BRICs諸国（ブラジル・ロシア・インド・中国）や

図7-7　　世界の生命保険業（2018年）

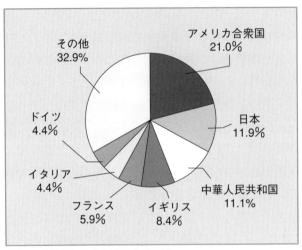

（注）　収入保険料（ドル建て）の比較
（出所）Swiss Re, *Sigma World Insurance* 2019.

表7-3　　BRICs・東南アジア諸国の生命保険業

	生命保険業（2009年）			生命保険業（2018年）		
	金額（百万ドル）	シェア（%）	順位	金額（百万ドル）	シェア（%）	順位
ブラジル	24,781	1.1%	20	39,251	1.4%	14
ロシア	636	0.0%	53	7,220	0.3%	34
インド	57,114	2.4%	9	73,735	2.6%	10
中華人民共和国	109,175	4.7%	7	313,365	11.1%	3
インドネシア	5,066	0.2%	34	15,520	0.6%	27
シンガポール	9,057	0.4%	28	22,456	0.8%	22
タイ	6,212	0.3%	32	18,136	0.6%	25
フィリピン	1,563	0.1%	41	4,172	0.1%	37
ベトナム	671	0.0%	52	3,799	0.1%	38
マレーシア	5,682	0.2%	33	11,581	0.4%	30
世界合計	2,331,566	100.0%		2,820,175	100.0%	

（出所）Swiss Re, *Sigma World Insurance* 2010, 2019.

ASEAN（東南アジア諸国連合）の国々に焦点を当てています。特に，中華人民共和国の生命保険業の成長は，他の国と比べても著しいものがあります。わが国では，生命保険業の規模の拡大は停滞していますが，世界的に見ると，生命保険業は，現在でも拡大を続けている産業です。

　図7－8は，収入保険料（2018年時点）を基準にして，損害保険業の中でも規模の大きい国に焦点を当てています。世界の中で，わが国の損害保険業はアメリカ合衆国，中華人民共和国，ドイツについで，第4番目の規模です。損害保険業は，生命保険業よりもさらにアメリカの占める割合が大きく，世界の損害保険市場の3割以上を占めています。生命保険業同様に，上位7カ国で，世界の損害保険市場のシェアの約3分の2を占めていることがわかります。かつては，上位7カ国で世界の生命保険，損害保険市場，それぞれ4分の3を占めているときもありましたが，現在は，上位7カ国以外の新興国の存在感が高まってきています。

　表7－4は，BRICs諸国（ブラジル・ロシア・インド・中国）やASEAN（東南アジア諸国連合）を中心に，損害保険業における収入保険料の伸び率が大きい国に焦点を当てています（ドル建て）。中華人民共和国やインドなどは，損害保険業の収入保険料を大きく上昇させていますが，成長している国の顔ぶれは，生命保険業のそれとは若干異なります。わが国の損害保険業は，大幅な成長は見込めませんが，世界的に見ると，損害保険業も，現在でも拡大を続けている産業です。

　わが国では，生命保険業と損害保険業がともに規模の拡大は大きくありませんが，BRICsやASEANの国では，経済の成長とともに，保険市場も拡大しています。そこで，日本の保険会社の中でも，海外に進出する会社が出てきています。その結果，日本の大手損害保険会社では，利益に占める海外事業の割合が，2000年代前半の数％から，年度によって変動も大きいですが，最近では半分近くにまで増えてきました。グローバル化している自動車会社などの製造業では，海外事業からの利益が50％以上を占めることは珍しいことではありませんが，保険業の海外展

図7 - 8　　　世界の損害保険業（2018年）

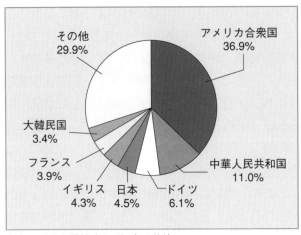

（注）　収入保険料（ドル建て）の比較
（出所）　Swiss Re, *Sigma World Insurance* 2019.

表7 - 4　　　BRICs・東南アジア諸国の損害保険業

	損害保険業（2009年）			損害保険業（2018年）		
	金額（百万ドル）	シェア(%)	順位	金額（百万ドル）	シェア(%)	順位
ブラジル	23,979	1.38%	14	33,589	1.42%	13
ロシア	38,940	2.24%	11	16,374	0.69%	18
インド	7,970	0.46%	26	26,102	1.10%	15
中華人民共和国	53,872	3.11%	9	261,512	11.02%	2
インドネシア	2,219	0.13%	48	4,863	0.20%	43
シンガポール	5,188	0.30%	32	8,153	0.34%	34
タイ	5,248	0.30%	36	8,485	0.36%	33
フィリピン	835	0.05%	58	1,846	0.08%	56
ベトナム	769	0.04%	62	2,040	0.09%	51
マレーシア	3,158	0.18%	41	5,053	0.21%	40
世界合計	1,734,529	100.0%		2,373,050	100.00%	

（出所）Swiss Re, *Sigma World Insurance* 2010, 2019.

開も本格化してきています。

　また，第 6 章で確認したように，広い地域で保険商品を販売すること
は，保険会社が抱える収益の変動に関するリスクを軽減することになる
かもしれません。わが国の中だけで天候に関する保険を販売すれば，保
険会社の収益は，わが国の天候だけに大きく依存するため，収益が変動
するリスクが大きくなりますが，ヨーロッパやアメリカでもこうした保
険を販売すれば，保険会社の収益が変動するリスクは小さくなります。

7.7　金融商品と保険商品の境界の曖昧化

　2007年のアメリカに端を発したサブプライム問題では，CDS（クレ
ジット・デフォルト・スワップ）と呼ばれる金融派生商品が注目を集め
るようになりました。図 7 - 9 を見ると，B銀行は社債投資を行ってい
ますが，B銀行は，投資先のA社が破綻した時に備えて，一定の債務保
証料を支払い，C保険会社に，A社の破綻リスクを引き受けてもらいま
す。そして，A社が破綻した場合，C保険会社は，それによって生じる
A社の社債の価値の減損分をB銀行に支払います。

　また，現実には，B銀行が実際にA社の社債に投資していなくても，
B銀行はA社の破綻に「賭けて」，一定の債務保証料（いわば賭け金）を
支払い，A社が破綻した場合の「賞金」を狙うこともあります。A社が
実際に破綻してしまえば（すなわち，「賭け」に勝てば），B銀行は「賞
金」をC保険会社から受け取れます。つまり，CDSは，リスクヘッジ
だけでなく，投機としての役割も果たしたりします。

　こうしたCDSを販売する保険会社は，逆に，A社が破綻しないこと
に「賭けて」いることになります。破綻しなければ債務保証料がまるま
る収益になるからです。

　ここで重要なのは，このCDSが保険なのか否かという問題です。も

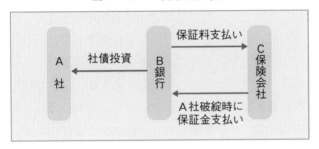

図 7 - 9　　CDSのしくみ

し保険商品なら，保険会社しか扱えなくなりますから，金融市場の発展にも大きな影響があります。

　新しい金融商品が次々と開発される現在の市場環境においては，次々と保険商品に類似した金融商品が開発されてきます。定期保険や海上保険のような伝統的な商品を保険商品として定義することについては，異論は出ないと思いますが，上述のCDSの一部を保険商品として監督することについては，今後もさまざまな意見が出ることが予測できます。

　CDSに限らず，保険商品だと捉えることができる商品が開発されてくると，「何を保険商品として監督下に置くのか？」という問題を常に議論していなかなくてはならなくなります。

| Challenge | 挑んでみよう！ |

1. 株式会社化した第一生命は，2014年に米国の生命保険会社を買収するためにどのように資金を調達したのかを調べてみましょう。
2. 生命保険会社や損害保険会社は，海外でどのくらいの利益を得ているのかを調べてみましょう。また，それは日本国内で得られる利益と比べてどの程度なのかを調べてみましょう。
3. 相互会社の形態をとる生命保険会社の最高意思決定機関である総代会の議題や議事内容がホームページなどで公表されるようになりました。総代会でどのような議論が行われているのか調べてみましょう。

第**8**章

生命保険商品

　この章では，個人向けの生命保険について，生命保険の分類の基本として①死亡保険，②生存保険，③生死混合保険の３つのタイプに分けることができること，および，保険契約には，①主契約と②特約があることを説明します。保険商品の種類としては，①死亡保障が主たる目的の保険，②貯蓄が主たる目的の保険があること，さらに，保険金額などが運用実績に応じて変動する自己責任型の保険があることを説明します。また，解約返戻金と契約内容を変更するための主な制度についても説明します。

8.1　生命保険商品の分類

8.1.1　商品の基本的な形

　生命保険契約は，保険法（2010年４月１日に施行）第二条八で「保険契約のうち，保険者が人の生存又は死亡に関し一定の保険給付を行うことを約するもの（傷害疾病定額保険契約に該当するものを除く。）をいう。」と定義されています。これは人の生存または死亡という保険事故によって保険金が支払われることを意味しています。この保険事故によって生命保険の形を分けてみると，死亡保険，生存保険，生死混合保険の３つのタイプに分けることができます。

　もちろん，実際に発売されている商品は，こうした基本形をベースにしながら，多様なニーズに対応して，さまざまな工夫が行われています。

① 死亡保険

　死亡保険は，被保険者が一定期間内に死亡した場合を条件として保険金を支払う生命保険のことです。死亡保険には，保険期間が有限の一定期間（有期）と定めている「定期保険」と，保険期間が生涯にわたる「終身保険」とに分けることができます。

　なお，有期は，保障する期間を20年，30年と定める「年満期」や保障終了年齢を65歳，70歳と指定できる「歳満期」といった，保障終了期間を具体的に定めているものがあります。

② 生存保険

　生存保険は，被保険者が一定期間まで生存していることを条件に保険金を支払う生命保険のことです。したがって，被保険者がその期間中に死亡した場合には保険金は支払われません。

　なお，生命年金は，将来の定められた時期から，被保険者の生存を条件として一定の周期で一定の金額（年金）を支払いますが，これも生存保険の1つのタイプです。

③ 生死混合保険

　生死混合保険は上述の生存保険と死亡保険を組み合わせた保険です。被保険者が一定期間内に死亡しても，一定期間まで生存していても，いずれの場合でも保険金を支払うタイプの保険です。養老保険はこのタイプの代表的な保険です。

8.1.2　主契約と特約

　生命保険契約は，主契約と特約の2つに分けることができます。主契約は，単独で保険契約が成立するものです。特約は，単独では保険契約として成立しませんが，主契約に付加することで保険契約として成立することができるものです。特約には，主契約の給付内容や保障範囲を充

実・拡大したり，保険料の払込方法で契約者の便宜を図ったりすること
ができるなど，いろいろと付加できるものがあります。

8.1.3　保険料払込期間

　保険料払込期間とは，保険料を払い込む期間のことで，保険料を加入
時に一括して払い込む一時払い，保険料払込期間が保険期間よりも短い
短期払い，保険料払込期間が保険期間と同じ全期払い，保険料払込期間
も保険期間もともに終身の終身払いがあります。

8.1.4　保険料払込方法

　保険料払込方法は，回数と経路で分類することができます。
　保険料払込回数には，月払い，半年払い，年払い，一時払いがあり
ます。
　保険料払込経路には，口座振替えによる払込み，団体を通じた払込み，
集金担当者への払込み，会社指定の口座への送金による払込み，および
店頭持参による払込みなどがあります。

8.1.5　契約者配当の有無と配当の支払方法

　契約者配当の有無で，有配当保険，準有配当保険，無配当保険に分類
することができます。
　契約者配当とは，安全を見込んで設定した保険料のうち，実際の保険
運営において生じた余剰金を，保険料の清算として契約者に返還するも
のをいいますが，有配当保険はこの契約者配当がある保険のことです。
配当金の支払方法としては，現金で支払う，保険料と相殺する，積み立
てておく，保険金を増額するなどの方法があります。
　これに対して無配当保険は，始めから保険料を安くして剰余金の返還
を行わない保険のことです。
　また，1996年10月に，利差配当に関してのみの分配を行う準有配当の

保険（利差配当保険）が発売されました。

8.1.6　危険選択の方法

　保険契約者または被保険者は，健康状態等の保険危険に関する重要事実を保険会社に告知する義務がありますが，主な告知の方法は次のとおりです。

　告知のみで引き受ける契約を告知扱い契約といいます。危険選択のために告知に加え医師の診査を行って引き受ける契約を診査扱い契約といいます。他にも，生命保険面接士の資格を有する者による面接による方法があります。

8.2　生命保険商品の種類

　ここでは，主な種類の商品の仕組みについて概要を解説します。

8.2.1　死亡保障が主たる目的の保険

① **定期保険**

　保険期間中に被保険者が死亡した場合に死亡保険金が支払われる死亡保険です（図 8 - 1）。なお，保険期間満了時に一定の条件で定期保険として更新できるのが一般的となっています。

② **終身保険**

　保険期間が生涯にわたる死亡保険で，被保険者がいつ死亡しても死亡保険金が支払われます（図 8 - 2）。なお，終身保険は責任準備金が蓄積されるため，保険料払込期間終了後に蓄積されたキャッシュバリューで個人年金保険などに移行することができます。

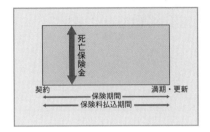

図8－1　　定期保険の仕組み

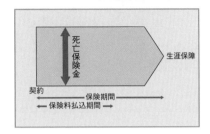

図8－2　　終身保険の仕組み
（有期払込の例）

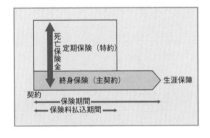

図8－3　　定期付終身保険の仕組み
（有期払込・全期保障型の例）

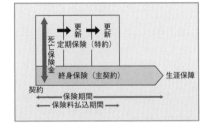

図8－4　　定期付終身保険の仕組み
（有期払込・更新型の例）

③　定期付終身保険

　終身保険を主契約として，それに定期保険を特約で付加している死亡保険で，顧客のライフサイクルに合わせて定期保険により死亡保障を厚くすることができます。なお，定期保険特約については保険料払込期間終了時まで付加する全期保障型（図8－3）と，一定期間ごとに更新していく更新型（図8－4）があります。

④　養老保険

　被保険者が，保険期間中に死亡した場合には死亡保険金が，保険期間満了まで生存していたときには満期保険金が，それぞれ同じ額で支払われる生死混合保険です（図8－5）。

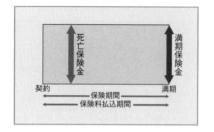

図8 - 5　　養老保険の仕組み

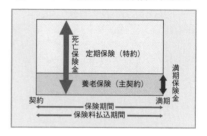

図8 - 6　　定期付養老保険の仕組み

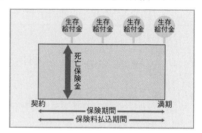

図8 - 7　　生存給付金付定期保険の仕組み

⑤　定期付養老保険

　養老保険を主契約として，それに定期保険を特約で付加している生死混合保険（図8 - 6）で，顧客のライフサイクルに合わせて定期保険により死亡保障を厚くすることができます。

⑥　生存給付金付定期保険

　定期保険を主契約として，一定期間ごとの生存給付金を支払うタイプの生存保険を特約として付加している保険（図8 - 7）で，主に若者層向けに販売されています。

8.2.2　貯蓄が主たる目的の保険

①　貯蓄保険

　生存保険を主契約として，災害死亡の場合に災害死亡保険金が，また普通の病気死亡の場合に払込保険料に応じた給付金が，それぞれ支払われる定期保険を特約として付加している生死混合保険です（図 8 - 8）。通常は貯蓄を目的としているため保険期間が 3 年，5 年と比較的短い保険となっています。

②　個人年金保険

　高齢化社会が進みつつある現在，公的年金だけでは不足すると考える個人が，安定した老後生活を送るための資金準備手段として，保険会社の販売する年金保険が活用されています。民間の生命保険会社やJA（農協），生協・全労済の個人年金保険（年金共済）に加入している世帯の比率は21.9％（2018年）になります（生命保険文化センター『平成30年度　生命保険に関する全国実態調査』）。

　この保険は，将来の定められた時期から，被保険者の生存を条件として一定の周期で一定の金額（年金）を支払うタイプの生存保険です（図 8 - 9）。通常，年金開始前に被保険者が死亡した場合は払込保険料に応じた死亡給付金を支払います。また，年金開始から一定期間は，その間に被保険者が死亡した場合でも未払いの年金現価を支払う保障期間付が一般的です。

　個人年金保険には，
①　終身年金：年金開始後，被保険者が生存している限り年金を支払う
②　有期年金：年金開始後一定期間，被保険者の生存を条件として年金を支払う
③　確定年金：年金開始後一定期間，被保険者の生存，死亡に関わらず年金を支払う
④　夫婦連生年金：夫婦 2 人を被保険者として，夫婦いずれかが生存

図 8 - 8　　**貯蓄保険の仕組み**

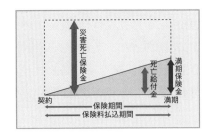

図 8 - 9　　**個人年金保険の仕組み**
　　　　　　　（保障期間付終身年金の例）

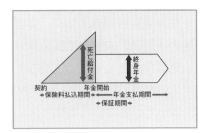

　　していることを条件として年金を支払う
といったタイプがあります。

　なお，年金額に関しては，あらかじめ金額が確定しているものが普通
ですが，運用成績に応じて年金額が変動する変額個人年金保険もありま
す（8.2.4で詳述）。

③　トンチン年金

　トンチン年金は，トンチン性を高めることで，年金開始日前の死亡返
戻金を払込保険料よりも小さくすることや解約返戻金を低くすることな
どにより，年金原資を大きくし，毎年の受け取る年金額を大きくする個
人年金保険です。つまり，トンチン性が高い年金ほど，長生きできなか
った人は払込保険料に比べてわずかなお金しか受け取ることができませ
んが，長生きした人は払込保険料に比べて多くの年金を受け取ることが
でき，相対的に少ない保険料の負担で長生きのリスクに備えることがで
きます。年金受取方法としては，「確定年金」タイプと「終身年金」タ
イプがあります。

　なお，"トンチン"とは，死亡保障を行わない分，生きている他の契
約者の年金額を大きくする年金保険のことで，17世紀にイタリア人のロ
レンツォ・トンティが考案した保険の仕組みに由来するといわれていま
す。

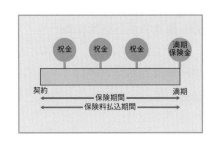

図 8 - 10　　こども保険の仕組み

④　こども保険

　子どもを被保険者として，その扶養者（通常は両親のいずれか）が契約者となる保険で，子どもの入学時などに祝金（生存給付金）を，保険期間満了時に満期保険金（満期祝金）を，それぞれ支払う生存保険を主契約として，被保険者である子どもが保険期間中に死亡したときには死亡給付金が支払われ，契約者である扶養者が死亡したときなどには，それ以後の保険料の払込みを免除する特約を付加した保険です（図 8 - 10）。

　契約者が死亡した場合には，さらに，満期まで育英年金（養育年金）を支払うタイプもあります。

8.2.3　主な特約

　第三分野の保険の特約以外で生命保険の主契約に付加できる主な特約は次のとおりとなっています。

①　リビング・ニーズ特約

　被保険者の余命が 6 カ月以内と判断されたときに，契約している死亡保険金の全部または一部を前払いで受け取ることができます。この特約で受け取った保険金は受取人が被保険者の場合には非課税扱いとなります。この特約の趣旨は，死に臨んで思い残すことのないよう，被保険者自身が自分の保険金を利用できるというものです。墓の準備，恩人への

感謝の会，最後の思い出旅行などに使われるようです。

②　保険料払込免除特約

　ガンに罹患したり，脳卒中，急性心筋梗塞，介護状態などにより一定
の状態になったときに，生命保険の死亡保障等を継続していくために，
以後の保険料の支払いが免除される特約です。

8.2.4　保険金額などが運用実績に応じて変動する保険

　保険金額や年金額，解約返戻金額が特別勘定の運用実績に応じて変動
する保険が，変額保険や変額個人年金保険です。これらの保険の特別勘
定資産は収益性を重視した運用が行われており，投資性の強い保険とい
えます。通常の保険（定額保険）の資産運用が安全性を重視しているの
と大きく異なります。

　そのため，積立金額や解約返戻金については，資産運用がうまくいっ
た場合には払込保険料の総額を上回ることがありますが，うまくいかな
かった場合には払込保険料の総額を下回ることがあります。つまり，損
失が発生する恐れがありますが，この資産運用リスクについては契約者
が負うことになっています。

①　変額保険

　変額保険は，保険審議会答申（1985年）を受けて，1986年に生命保険
業界統一商品として開発されました。養老保険タイプの変額保険（有期
型）と，終身保険タイプの2種類があります。

　満期保険金は，運用実績によって基本保険金額を下回る場合がありま
すが，死亡保険金は，どんなに運用実績が悪くても基本保険金額を保証
しています（図8－11）。

図 8 - 11　　**変額保険（有期型）の仕組み**

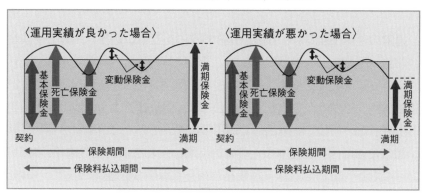

図 8 - 12　　**変額個人年金保険（保険料一時払い・確定年金）の仕組み**
（基本年金額の最低保証付の例）

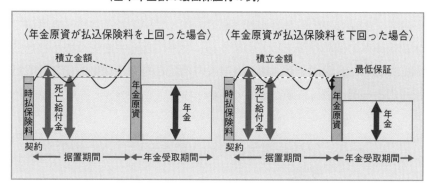

②　変額個人年金保険

　変額個人年金保険は，1999年から発売しています。変額個人年金保険の種類は，個人年金保険の年金額受取りタイプと同様にさまざまな種類があります。

　基本年金額は，特別勘定資産の運用実績により変動しますが，基本年金額が最低保障されている種類もあります（図 8 - 12）。

8.2.5 外貨建て生命保険

　通常の生命保険では，顧客は保険料を円貨で払い込み，円貨で保険金や解約返戻金などを受け取ります。それに対して，外貨建て生命保険では，外貨建て（米ドルやユーロなど）で保険料を払い込み，保険金なども外貨建てで受け取ります。保険会社は，外貨建て生命保険の保険料をドルなどの外貨建て金融商品で運用します。そのため日本より金利が高い国の金融商品で運用すると相対的に高い金利を活用できます。また，為替相場が円安になれば為替差益が得られ保険金が増加します。一方，為替相場が円高に進めば保険金が目減りするなどのリスクや，為替取引に係る費用（円から外貨，外貨から円に両替する際の手数料など）があります。保険の種類としては終身保険や個人年金保険などがあります。円建ての生命保険の貯蓄性が低下してしまっていることから，外貨建て生命保険への関心が高まっていますが，実際に保険金を受け取るときの円に換算した金額は予想よりも大きくなることもあれば小さくなってしまうこともある点に注意が必要です。

8.3　解約返戻金と契約内容を変更するための主な制度

8.3.1　解約返戻金

　解約返戻金は，保険期間の途中で契約者が保険契約を解約した場合や，保険会社から保険契約を解除された場合などに，保険会社から保険契約者に支払われる金額のことです。その金額は，保険の種類や，契約時の被保険者年齢，性別，保険期間，経過年数などで異なりますが，通常，保険料を払い込んだ年数が短いほど（払い込み金額に比べて）解約返戻金が少なくなります。それは，契約の初期段階では払い込んだ保険料は，

表8－1　　**保険料累計と解約返戻金の推移（ある生命保険会社の例）**

保険料払込 （経過）年数	保険料累計①	解約返戻金②	②／①
1 年	298,920	72,000	0.24
3 年	896,760	613,000	0.68
5 年	1,494,600	1,175,000	0.79
7 年	2,092,440	1,759,000	0.84
10年	2,989,200	2,675,000	0.89
15年	4,483,800	4,225,000	0.94
20年	5,978,400	5,938,000	0.99
25年	7,473,000	7,845,000	1.05
30年	8,967,600	10,000,000	1.12

（注）　5年ごと利差配当付養老保険・男子30歳加入・30年満期，保険金1,000万円，月払保険料24,910円の場合。

　新しく契約した時に発生する保険契約の診査や保険証券の作成費，募集費用などの諸経費に充てられる部分が大きいからです（表8－1）。
　一般に，貯蓄性の高い終身保険や養老保険などで解約返戻金が多く，定期保険で解約返戻金が少なくなっています。

8.3.2　保障内容を変更するための主な制度

①　中途増額制度，特約中途付加制度

　中途増額制度は，既加入の契約について保険期間中に保険金額を増額する制度です。特約中途付加制度は，1973年の第一次オイルショック後のインフレによって既存の保障を増額したいというニーズが大きくなり開発されました。この制度は既存の特約の付加だけでなく，新発売の特約も付加することができ，既存の契約を生かしながら新しい保障を得ることができる利点があります。

② 契約転換制度

　契約転換制度は既契約の責任準備金や積立配当金などを新契約の一部に充当することにより，少ない保険料負担で新しい保険に加入できる制度です。

　この制度は，インフレによる保障額の不足や，契約者の収入増，家族構成の変化などにより生活設計のうえで既存契約の保障内容が不十分となった場合などに利用することで契約者にとってメリットがあります。一方，この制度のデメリットとして，転換後は契約の計算基礎が転換時のものを使用するため，予定利率が転換前の契約より低くなることがあります。

③ 移行制度

　移行制度は，定期付終身保険や終身保険について保険料の払込期間が満了になった後，死亡保障部分を年金受取に変更したり，あるいは個人年金保険について年金開始時に，終身年金から確定年金に変更したり介護保険に変更するなど，責任準備金や積立配当金の一部または全部を活用して異なった保障内容に変更できる制度のことです。

④ 払済保険への変更制度

　払済保険は，保険料の払い込みができなくなった場合に，解約返戻金を利用してベースとなる主契約（終身保険や養老保険，個人年金保険）の存続を図る方法の１つです。この制度では，保険期間は元の契約と同じままで，その時点での解約返戻金を一時払保険料に充当して，保険金を算出することで保険内容を変更します（図 8 - 13）。なお，保険種類は元の契約と同じか，養老保険に変更する場合があります。

⑤ 延長保険への変更制度

　延長保険は，保険料の払い込みができなくなった場合に，解約返戻金

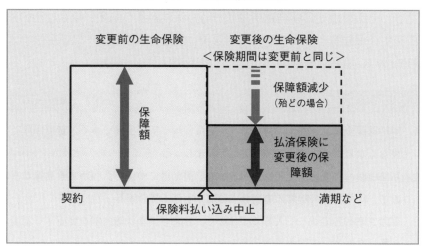

図 8 - 13　　払済保険の仕組み

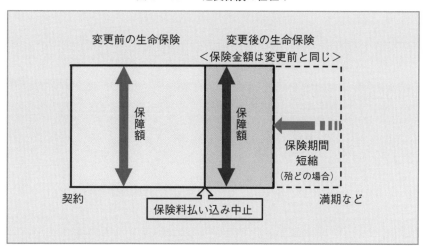

図 8 - 14　　延長保険の仕組み

を利用して死亡保険金を減額せずに契約の存続を図る方法の1つです。
この制度は，死亡保険金は元の契約と同じままで，その時点での解約返

戻金を定期保険の一時払保険料に充当して，死亡保障の存続を図る方法です。その時点での解約返戻金が一時払保険料よりも多い場合はその差額を生存保険金としますが，解約返戻金が死亡保険金の一時払保険料よりも少ない場合は保険期間が短縮されます（図 8 - 14）。

1. 解約返戻金は，一般に貯蓄性の高い終身保険や養老保険で多く，定期保険で少なくなります。その理由を考えてみましょう。

2. 払済保険への変更制度と延長保険への変更制度について，利用する立場からみて，それぞれの制度の有利な点は何かを考えてみましょう。

3. 保険を解約して新たに入るのではなく，さまざまな保障内容を変更する制度が設けられている理由を考えてみましょう。

第**9**章

火災保険

　損害保険の中でも代表的な商品の１つである火災保険と，火災保険と併せて論じられることが多い地震保険について説明します。火災保険は基本的に地震，津波，噴火による損害を補償しませんので，それらによる被害に備えるには地震保険の利用が必要です。さらに，本章では，地震保険が抱える課題や，地震保険を補完する民間保険商品についても説明します。

9.1　住宅火災保険

　火災保険には，伝統的な商品として，住宅を対象とする住宅火災保険，店舗や事務所，倉庫など住宅以外を対象とする普通火災保険，保険金支払い事由を拡大した住宅総合保険，保険期間の長い長期総合保険などがあります。また，地震などによる被害に対する備えとして地震保険があります。最近では，各社独自の商品も盛んに販売されています。ここでは，火災保険を学ぶうえで基本となる住宅火災保険を中心に説明します。普通火災保険は，住宅以外の建物等を対象とする点以外，住宅火災保険と大きな差はありません。

　住宅火災保険の対象は，住居専用の建物とその付属物（塀など）および家財です。家財には，自動車や現金，有価証券などは含まれません。また，30万円を超える貴金属類や美術品は，別途契約に明記しなければ保険金支払いの対象外となります。担保危険（保険金が支払われる事象）

131

は，火災のほか，落雷，爆発・破裂，風災，ひょう災，雪災による被害が含まれます。免責事由（保険金が支払われない事故）としては，契約者または被保険者の故意・重過失・法令違反，地震・噴火・津波による被害，戦争・革命・核物質による被害があげられます。

　地震や噴火，戦争などを対象にしないのは，そうした災害等の被害は，頻度が非常に低いのですが，発生すれば被害は広範囲にわたり，保険会社の保険金支払総額は多額に上ると予想されるからです。つまり，保険事業の基礎である大数の法則が成り立たたないと考えられているので，このような被害に対する保険を民間保険会社が提供するのは容易ではないと思われます。地震や噴火に備える保険として，日本では政府が関与した仕組みをもつ地震保険があります。

9.1.1　住宅火災保険により支払われる保険金

①　損害保険金

　上記の担保危険による住居や家財の損害に対して，損害保険金が支払われます。損害保険金は，実損てん補の原則に従って，実際の損害額に等しい金額が保険金として支払われます。仮に，1,000万円の価値（これを保険価額といいます）の住宅を対象に保険金額2,000万円の火災保険が契約されていて，住宅が全焼しても保険金は1,000万円しか支払われません。

　では，この住宅を対象に保険金額500万円の火災保険を契約した場合はどうなるでしょうか。こうした保険対象の価値の一部しか保険に入らない場合を部分保険と呼んでいます。部分保険の場合，比例てん補という考え方が適用されます。

　この例では，1,000万円の価値の住宅に500万円の保険金額が設定されていました。比例てん補の考え方によれば，失われた住宅の価値の50%（＝500万円÷1,000万円）が保険金として支払われます。

　たとえば，火災により住宅の価値が30%（300万円）だけ失われた場

合を考えてみましょう。500万円の保険に入っているのですから，300万
円の保険金がもらえるように思うかもしれません。しかし，そうではあ
りません。比例てん補の原則に従えば，支払われる保険金額は300万円
の50％，つまり150万円だけです。ただし，実際には，契約者に若干有
利に働くようなルールで計算されることになっています。具体的には，
500万円÷(1,000万円×0.8)＝187.5万円，つまり，300万円の損害に対し
187.5万円が支払われます。分母の「×0.8」の部分が，契約者に有利に
働くのです。

　なお，現実の制度では，建物の価値の80％以上が失われた場合には，
保険金額の満額（この場合500万円）が支払われます。さらに，保険金
額が住宅の価値の80％（この場合800万円）以上に設定されている場合
は，比例てん補は適用されず，実損額全額（ただし，保険金額が上限）
が保険金として支払われます。

　したがって，火災による被害をきちんと補償してもらうには，建物の
評価額どおりの保険に入らないといけません。各社独自の火災保険商品
では，比例てん補を適用しない（保険金額以下の損害には常に損害額全
額が支払われる）商品が登場しています。

　現実には，火災による損失額は，火災によって失われた建物の価値相
当額だけではありません。建物が火災に遭うと，他にもさまざまな費用
がかかります。これらの費用を賄うための保険金が，以下のように別途
支払われます。

② **臨時費用保険金**

　住宅が火災に遭うことで必要となる，当座の費用を補償するのがこの
保険金の趣旨です。損害保険金の30％（ただし上限100万円）が支払わ
れます。

③ 残存物取片付け費用保険金

火災現場の清掃などに必要な費用の実費（ただし，損害保険金の10%
が上限）が支払われます。

④ 失火見舞費用保険金

他の住宅に延焼した場合など，第三者の所有物に被害が及んだ場合，
被害世帯1世帯当たり20万円（保険金額の20%が上限）が支払われます。
日本の法律では，重過失や故意による火災を除いて，火災が隣宅など第
三者の所有する建物に延焼した場合でも第三者は火元に対して賠償請求
を行うことができません。しかしながら，現実には損害を被った隣宅等
に対して挨拶などしないわけにはいかないでしょう。その際の費用を補
填するのがこの保険金の趣旨です。

⑤ 傷害費用保険金

被保険者とその親族が火災等により死傷した場合，保険金額の最大
30%（1人1,000万円まで）が支払われます。

⑥ 地震火災費用保険金

先に説明しましたように，地震や噴火による火災の場合，火災保険か
らは損害保険金は支払われません。ただし，これらの火災で住宅が半焼
以上の被害を被った場合，保険金額の5%（上限300万円）が地震火災
費用保険金として支払われます。

⑦ 価額協定特約

保険金支払額の根拠となる実損額は，建物の時価を基準に評価されま
す。建物の時価とは，再調達価額（同じ建物を現在新築した場合の価格）
から経年減価分を除いたものです。建物の時価は，建築後年月の経過と
共に低下するのが普通で，建築後長期間が経過した建物の価値は，新築

時より大きく低下します。したがって，火災などにより建物が損害を受けた場合も，受け取れる保険金は，新たに同等の建物を建てる場合に必要な費用と比べると少額になります。

　しかし，契約者の立場からは，住宅を新築するのに十分な額の保険金を受け取りたいと思うはずです。その場合，建物の時価ではなく再調達価額を保険価額とする価額協定特約を付加すれば，損害保険金が建物の時価ではなく，再調達価額を基準に計算されます。

　価額協定特約がついていると，火災のあとの生活の復旧が容易です。かつては価額協定特約のない「時価」契約も多かったのですが，被災時に支払われる保険金が思いのほか少なく，トラブルになるケースが少なくなかったのです。9.1.3で述べるように，保険会社独自の商品では，価額協定特約があらかじめ付帯したのと同様の効果をもつ新価契約が主流になっています。

9.1.2　火災保険の保険料

　火災保険の保険料は，各損害保険会社が自由に設定しています。保険金額が大きくなれば，保険料が高くなるのは当然ですが，それ以外にもさまざまな要因が保険料に影響を与えます。具体的には，建物の構造（燃えにくいコンクリート造などの建物では保険料が安くなります），地域（火災の発生率のほか，台風等の自然災害の頻度によっても保険料は左右されます），オール電化住宅などに対する割引（「安全住宅割引」「高機能住宅割引」などの名称で呼ばれています）などがあげられます。

　2006年ごろ，一部の損害保険会社で，建物の構造を誤って判定したり，割引の適用を怠るなどの理由で，火災保険料を取りすぎていた事例が明らかになりました。これは，もちろん第1に保険会社の問題なのですが，契約者の側も，保険証券をよく確認して，自分の身は自分で守ることも重要でしょう。

9.1.3　その他の保険商品

　住宅を対象とした保険として，住宅火災保険のほかに，住宅総合保険があります。住宅総合保険とは，住宅火災保険の担保危険を水害や漏水，家財の盗難，物体の飛来や衝突にまで広げた商品です。ただし，水害については，損害額の70%が保険金の上限となっています。図9－1は風水害等による保険金支払いの実績を示していますが，大規模な台風や豪雨による保険金支払いがしばしば巨額になることがわかると思います。

　火災保険も，自動車保険と同様に，かつては各社一律の商品内容でしたが，保険自由化に伴い，各社独自の保険商品が発売されるようになりました。従来の住宅火災保険や住宅総合保険との違いとして，たとえば，水害についても火災の場合と同様に損害額全額（もちろん保険金額が上限です）が保険金として支払われる商品や，先に述べたさまざまな保障のうち一部を任意選択とした商品など，各社がさまざまな商品内容を競

図 9－1　　**風水害等による保険金支払い実績**

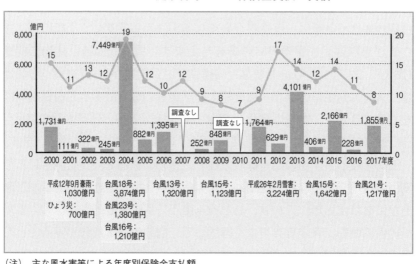

（注）　主な風水害等による年度別保険金支払額。
（出所）損害保険協会『日本の損害保険　ファクトブック2018』。

い合っています。ただし，保障内容が充実すればそれだけ保険料が高くなるのは当然です。消費者は，必要な保障とそうでない保障をよく見極めて保険を購入すべきでしょう。

9.2　地震保険

　住宅火災保険の箇所で説明したように，火災保険は地震による被害（地震が原因の火災による被害を含む）をカバーしません。地震の被害は，頻度は小さいのですが一度に多額の損害（保険金支払い）が発生します。すなわち，民間保険会社が地震保険を提供した場合，大規模な地震が発生すると保険金支払いが不可能になるかもしれないということを意味します。そこで，わが国の地震保険では，政府が関与した特別な仕組みが採用されています。日本の地震保険制度は，1964年の新潟地震をきっかけに1966年に発足しました。

9.2.1　地震保険の概要
　地震保険の対象は住宅および家財で，担保危険は地震，噴火，津波による火災・損壊・埋没または流失の損害です。地震保険は単独で契約できず，必ず火災保険とセットで契約する必要があります。地震保険の保険金額は，セットとなる火災保険の保険金額の30％から50％の間で，さらに建物5,000万円，家財1,000万円の上限があります。

　ちなみに，住宅以外の工場，ビルなどの建物に対しては，普通火災保険や店舗総合保険などに地震危険担保特約を付帯することによって，地震に備えることができます。ただし，ここで説明している住宅向けの地震保険とは異なり，政府が関与せず純粋に民間保険会社によって提供されています。

　支払われる保険金は，全損（建物の時価の50％以上の損害）の場合，

保険金額全額（ただし建物の時価が上限），大半損（建物の時価の40〜50%未満）の場合60%（時価の60%が限度），小半損（建物の時価の20〜40%未満）の場合30%（時価の30%が限度），一部損（建物の時価の3〜20%未満）の場合5%（時価の5%が限度）となっています。また，一度の地震で支払われる保険金総額には11.7兆円の上限があります。仮に保険金支払い総額が11.7兆円を超えた場合は保険金が削減される可能性があります。ちなみに，地震保険制度創設以来最も保険金支払い総額が大きい地震は2011年の東北地方太平洋沖地震（東日本大震災）で，保険金総額は約1兆2,833億円となっています。

9.2.2 地震保険の仕組み

　地震保険の引き受けの仕組みは，図9−2のようになっています。契約者は一般の民間損害保険会社と地震保険契約を結びます。民間損害保険会社が引き受けた地震保険は，いったんすべて日本地震再保険に再保険されます。日本地震再保険とは，地震保険の再保険を引き受けるために損害保険会社の共同出資で作られた会社です。日本地震再保険が引き受けた再保険のうち，一部のリスクは損害保険会社に，一部は政府の地震再保険特別会計にそれぞれ再々保険により転嫁され，残りのリスクは

図9−2　　**地震保険の引き受けの仕組み**

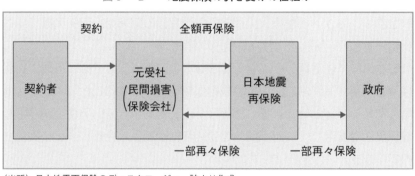

（出所）日本地震再保険のディスクロージャー誌より作成。

図9-3　　地震保険のリスク負担（2019年4月1日改定）

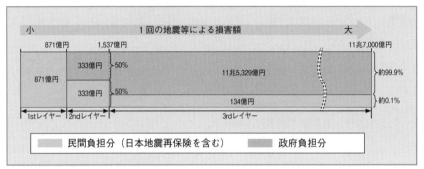

（注）「日本地震再保険の現状2019」

日本地震再保険が引き受けます。

　一度の地震に対して，損害保険会社，政府，日本地震再保険の各社が
負担する支払保険金は図9-3のようになります。一度の地震による保
険金支払額の総額が871億円以下の場合，全額を日本地震再保険を含む
民間保険会社が負担します。保険金支払額が871億円を超えると，政府
にも負担が発生します。例えば，一度の地震による保険金支払総額が
1,000億円の場合，図9-3の枠組みに従い，民間保険会社が935.5億円，
政府が残りの64.5億円を負担します。保険金支払総額が数兆円になる場
合は，政府が大部分の保険金を支払います。

　なお，日本以外にもアメリカや台湾などにも中央政府や州政府が関与
した地震保険の仕組みがあります。

9.2.3　地震保険の保険料

　地震保険は，その公的な性格を考慮して，一般の民間保険商品とは異
なり，保険会社に利益や損失が発生しない「ノーロス・ノープロフィッ
ト」の原則に基づき保険料が設定されています。

　具体的には，以下に述べるような仕組みになっています。地震保険の

表 9 - 1　　地震保険の基本料率（2019年 1 月 1 日より実施）

等地	都道府県	イ構造	ロ構造
1	岩手県，秋田県，山形県，栃木県，群馬県，富山県，石川県，福井県，長野県，滋賀県，鳥取県，島根県，岡山県，広島県，山口県，福岡県，佐賀県，長崎県，熊本県，鹿児島県	7,100	11,600
	北海道，青森県，新潟県，岐阜県，京都府，兵庫県，奈良県	7,800	13,500
2	福島県	8,500	17,000
	宮城県，山梨県，香川県，大分県，宮崎県，沖縄県	10,700	19,700
	愛媛県	12,000	22,400
	大阪府	12,600	22,400
	愛知県，三重県，和歌山県	14,400	24,700
3	茨城県	15,500	32,000
	埼玉県	17,800	32,000
	徳島県，高知県	15,500	36,500
	千葉県，東京都，神奈川県，静岡県	25,000	38,900

（注 1 ）保険金額1000万円当たりの 1 年間の保険料を示す。
（注 2 ）イ構造とは鉄骨造，鉄筋コンクリート造，耐火建築物等に該当する木造などを，ロ構造とはその他の木造を指す。
（出所）「日本地震再保険の現状2019」

　保険料は，地震の発生確率などによって都道府県ごとに異なる保険料率が設定されています。さらに，建物の構造（木造・非木造）によっても保険料が変わります。保険料率は表 9 - 1 に示されています。

　　例を挙げますと，料率が一番低い岩手県などでは，保険金額1,000万円当たり 1 年間の保険料が木造で年間11,600円，鉄骨・鉄筋コンクリート造などで年間7,100円となります。一方，料率が一番高い東京都などでは，保険金額1,000万円当たりの保険料は木造で年間38,900円，鉄骨・鉄筋コンクリート造などで年間25,000円となっています。また，所定の基準を満たす建物に対しては，「耐震等級割引」「建築年割引」などの保

険料割引制度があります。

9.2.4　民間保険会社等が独自に販売する地震対応商品

　近年では，民間保険会社も地震被害をカバーする独自の保険商品を提供しています。具体的には，地震保険とは別に単独で契約できる，少額短期保険業者による簡便な保険商品や，地震火災費用保険金を保険金額の5％から最大50％に引き上げた火災保険，地震保険の補償に上乗せする「地震危険等上乗せ特約」などが販売されています。

　また，兵庫県南部地震で大きな被害を受けた兵庫県では，県が「兵庫県住宅再建共済制度」（フェニックス共済）という，地震を含めた自然災害による住宅被害を補償する制度を発足させています。この制度では，一戸当たり年間5,000円の負担金で，住宅が半壊以上の損害を受けた場合，最大600万円の給付金を得られます。地震保険と同時にこれらの商品を活用すれば，地震による住宅の損害をある程度賄うことができると思われます。

　これら以外にも，JA共済の建物更生共済はもともと地震による損害を共済金支払いの対象としています。JA共済は，これまで説明した仕組みと違い，政府が関与した仕組みではなく国際的な再保険市場などを利用してリスクを分散することにより，地震への保障を提供することを可能にしています。

　そのほか，企業向けに民間損害保険会社が販売する商品も，再保険市場を利用してリスク分散されており，再保険市場の動向によって保険料が上下したり，損害保険会社が引き受けに消極的になることがあります。

9.2.5　地震保険の問題点

　現行の地震保険は，まだまだ十分とはいえない点が多く，さまざまな課題が指摘されています。特に，1995年の兵庫県南部地震（阪神・淡路大震災）においてその問題点が浮彫りになりました。

① 普及率が低い

　1995年当時，地震保険の世帯普及率は7％，兵庫県ではわずか3％でした。その後世帯普及率は上昇し，2018年12月末時点で全国平均32.2％にまで上昇しました。また，JA共済が提供する建物更生共済や全労済の自然災害補償付火災共済などは，地震保険と同様に地震による損害をカバーしますが，この数字には含まれていません。このことを考えると，ある程度普及率は改善していると思われますが，十分な普及率とはいえないでしょう。

　地震保険の普及率が低い1つの要因は，火災保険に入っても地震保険への加入は任意になっているということです。ちなみに，台湾やニュージーランドでは，火災保険に地震保険が自動付帯される制度になっています。もちろん各国にはそれぞれの事情があり，他国を真似すればよいというものではありません。日本のように地震の被害が多い国では地震保険の保険料は決して安いものではありません。そのため，火災保険に地震保険を自動付帯すると，保険料が非常に高くなってしまいますので，多くの人が火災保険に入らないという状況が起こってしまう心配もあります。日本でも，火災保険への地震保険の自動付帯は検討の価値はありますが，具体的な普及策については慎重な検討が必要です。

② 保険金額の上限が低い

　地震保険は，火災保険の保険金額の50％までしか保険金額を設定できません。また，火災保険と違い，価額協定特約の選択肢がなく，保険金支払額の根拠となる損害額は建物の時価を基準に評価します。そのため，地震保険契約者が保険金を受け取っても，住宅を再建するには不十分である可能性が高いのです。このように保険金額が抑えられている理由は，大規模な地震が発生した場合に保険金支払総額が巨額になる可能性を考慮しているからなのですが，消費者の立場から見た場合，改善の余地があるといえます。

　ただし，先ほど述べたように，最近では民間損害保険会社から地震による損害を部分的にカバーする商品が登場していますので，このような商品を地震保険と併用すれば限度額の問題はある程度緩和されるでしょう（もちろん，その分保険料の負担が増えます）。

③　一回の地震に対する保険金支払総額の上限が低い

　1995年の兵庫県南部地震発生当時，地震保険の保険金支払総額の上限は1兆8,000億円でした。保険金支払総額がこの値を超えると，契約者が受け取る保険金が削減されてしまいます。実際には，保険金支払総額は約783億円でした。被害の規模に比べて保険金支払総額が小さいように思われるのは，地震保険の普及率が非常に低かったことが原因です。

　しかし，この上限金額では，地震保険の普及率が比較的高く，人口密度も高い首都圏で大規模地震が発生した場合には，保険金が削減される恐れが指摘されていました。先述のように，東日本大震災では保険金総額が1兆2,000億円を超えました。また，発生の可能性が高いとされている首都直下型地震や南海トラフ地震は，人口が集中する関東・東海地方に大きな被害を及ぼすと予想されています。

　政府の予測では，東京近辺で直下型地震（首都直下型地震）が発生した場合，兵庫県南部地震の数倍の被害が発生するとされています。中央防災会議によれば，首都直下型地震の直接被害額は47.4兆円と推定されています。また，南海トラフ地震においては最大171.6兆円の直接被害額が予想されています。ちなみに2018年12月における首都圏での地震保険の世帯普及率は，東京37.2%，神奈川36.0%，千葉34.0%などと比較的高い数値となっています（日本地震再保険調べ）。

　こうした現実を受け，兵庫県南部地震後に，上限金額は数回にわたって引き上げられ，2019年1月には11.7兆円となっています。

1. いくつかの損害保険会社のホームページを参照して，各社独自の火災保険商品の内容を調べてみましょう。また，本章で紹介した住宅総合保険と比べて，独自に追加された補償内容や，省略または特約（オプション）とされた補償内容も調べてみましょう。

2. 日本以外にも，台湾やニュージーランド，米国カリフォルニア州などにも公的な地震保険制度があります。それらの制度について調べて，日本の制度と比べてみましょう。

第**10**章

自動車保険

　自動車保険は，損害保険会社の保険料収入において最大のシェアを占める，代表的な損害保険商品です。自動車保険は強制保険である自動車賠償責任保険（自賠責）と，任意で契約する自動車保険に大別されます。

　自動車保険は，自動車に関するさまざまな補償機能をもち，それらの機能に関する正しい知識を得ることは重要です。特に，賠償責任保険について正確に理解しましょう。

10.1　自動車賠償責任保険（自賠責）

　自動車賠償責任保険（自賠責）とは，二輪車を含むすべての自動車に契約が義務付けられている保険で，自動車の運行により他人を死傷させた場合に発生する対人賠償責任を賄うものです。日本以外の多くの先進国にも，自動車に対する強制保険制度あるいはそれに類似した制度があります。

　なぜこのような制度が必要とされるのでしょうか。自動車は走る凶器などといわれるように，容易に人を死傷させる能力をもっています。自動車事故の被害を被った人が，自動車の運転手に賠償請求しようとしても，運転手側に賠償能力がなければ泣き寝入りすることになりかねません。自動車を運行する者は，重い責任を負っており，その裏づけとして十分な賠償能力をもつ必要があるというのが保険強制化の考えです。

10.1.1　自賠責の概要

　では，自賠責とはどのような仕組みでしょうか。先に述べたように，農耕作業用の小型特殊自動車（トラクターなど）を除き，二輪車を含むすべての自動車について自賠責の付保が法律で義務付けられています。

　具体的には，自動車には車検が義務付けられていますが，自賠責の付保がなければ車検を受けることができないようになっています。また，新車の場合は自賠責の保険料を納付しないと登録ができません。ただし，原付など，排気量250cc未満の二輪車には車検の義務がなく，そのためこれらの二輪車については自賠責未付保の状態にあるものが少なくありませんが，この状態は罰則の対象となります。

　また，自賠責は，直接的には民間保険会社ならびにJA共済等の各種共済が提供していますが，政府の監督下にあり，保険料や保険内容については各社一律となっています。保険料は，損害保険料率算出機構が算出したものが，自動車損害賠償責任保険審議会の承認を得て適用されます。引受け保険会社に利益や損失が出ない（ノーロス・ノープロフィット）ような水準に保険料が定められており，自動車の用途種類ごとに一律の保険料が適用されます。後述する任意自動車保険のように，年齢や事故歴その他の属性で保険料が左右されることはありません。

10.1.2　自賠責の保険金額

　保険金額（支払われる保険金の上限）は，被害者1人当たり，死亡の場合3,000万円，後遺障害の場合最高4,000万円，傷害の場合120万円と定められています。相手に対する賠償責任額がこの額を超える場合への備えは，賠償責任を負った者が任意自動車保険でカバーします。任意自動車保険の契約をしていないのであれば，自費で賄うこととなります。

10.1.3　賠償責任保険とは

　被保険者（自動車保険の場合，保険の対象となる自動車を保有・運転

する者）が賠償責任を負った時，そのことによる財産上の損失を補填するのが賠償責任保険です。

　注意しておかねばならないのは，被保険者は事故の被害者ではないということです。被保険者は事故の被害者（賠償を受け取る側）ではなく，自動車の保有者・運転者です。すると，この制度では，次のような問題が生じて，被害者の救済が十分にできない場合が生じます。

　事故の被害者の立場から考えると，事故の相手が誰であるかはっきりしている場合は，その相手が自賠責の被保険車両である限り，上述した最低限の補償が得られるでしょう。しかし，ひき逃げ，無保険，加害者の悪意（一般に，自動車保険に限らず，被保険者の悪意による事故の場合損害保険から保険金は支払われません）などの場合はどうでしょう。ひき逃げの場合はそもそも誰が被保険者なのかわかりませんから，自賠責は機能しません。無保険の場合も同様に，保険金は支払われません。加害者の悪意による事故の場合も，先に述べたように保険金は支払われません。

　無保険・被保険者の悪意による事故で自賠責から保険金が支払われない場合でも，もちろん自動車の保有者・運転者は被害者に対して賠償責任を負うのですが，現実問題として保有者・運転者が自己の財産だけで賠償額全額を支払うのが難しいことも少なくありません。すなわち，このような場合は事故の被害者が賠償を完全には受けられない可能性が高いのです。

10.1.4　政府保障事業

　上述のように，自賠責はすべての自動車事故をカバーしているわけではなく，自賠責からの保険金支払いの対象外となるような事故の場合，事故の被害者は十分な賠償を受けられない可能性が高いのです。このような被害者を救済するために作られた制度が，政府による保障事業（自動車損害賠償保障事業）です。自賠責の保険料の一部が保障事業に充当

され，保障事業の主要な財源となっています。

　この事業のおかげで，犯人のわからないひき逃げや無保険車の事故のような場合に，被害者は直接自賠責に保険金の請求をすることができます。こうした請求があれば，自賠責は被害者に保険金を支払い，保障事業にてん補を要求します。自賠責は交通事故の被害者救済を主眼としているため，このような特別な制度になっています。

　つまり，保障事業によって，国内の自動車事故の被害者は，自賠責と同等の保障が受けられます。こうした制度を維持するには，社会全体で負担を分担する制度にしておく必要があり，自賠責が強制加入になっているわけです。

　ただし，保障事業によっても，加害者の賠償責任が免除されるわけではありません。無保険車や被保険者の悪意による事故のように加害者が判明している場合，政府は保障事業により補償を行った後，その金額を加害者に請求します。

10.1.5　自賠責の問題点

　自賠責は，自動車の運行者が有するべき最低限の責任能力を担保するための保険です。現実には，自賠責には限界があることを知っておくべきでしょう。まず，保険金額が十分でないことが指摘できます。最近では，交通事故での損害賠償額が数千万円から1億円を超えることも少なくありません。これは，自賠責の保険金額では到底賄えない金額です。

　また，対人賠償責任以外の，たとえば他の自動車に衝突した，建物を損傷させたなどの場合に発生しうる対物賠償責任などは自賠責ではまったくカバーされません。過去の判例では，人身事故では5億2,000万円，また対物事故では2億6,000万円もの損害が認められた事例があります。さらに，自賠責は被保険自動車の搭乗者の傷害をカバーする保険ではありませんから，自損事故などで他人からの賠償が得られない場合には，搭乗者の死傷への補償は提供されないこととなります。

　先に述べたように，原付など排気量250cc未満の二輪車には，自賠責すら付保されていないものが少なくないのも問題です。

10.2　任意自動車保険

　先ほど説明したように，自賠責はカバーする範囲が狭く，また保険金額も限定されており，決して十分な保険とはいえません。自賠責がカバーできない部分を補うのが，任意自動車保険（任意保険）です。自賠責と違って，契約者が自分の意思で契約する（強制保険ではない）ため，このような名前で呼ばれています。任意自動車保険には，対人賠償責任保険，対物賠償責任保険，自損事故保険，搭乗者傷害保険，無保険車傷害保険，車両保険，人身傷害（補償）保険があり，各損害保険会社が定めたルールに従って，これらのいくつかの保険がセットになった保険商品を消費者は購入することになります。

10.2.1　任意自動車保険の概要

①　対人賠償責任保険

　任意自動車保険の対人賠償責任保険は，いわば自賠責の上乗せのための保険で，自賠責の保険金額を超えた部分の賠償責任をカバーするための保険です。自賠責の箇所で説明したように，自賠責の保険金額は決して十分ではなく，賠償責任額が自賠責の保険金額を上回ることは珍しくありません。そのような場合，任意自動車保険契約がなされていなければ，自賠責の保険金額を超えた賠償責任額については，自らの財産で賄う必要があります。しかし，時としてきわめて高額となる賠償責任金額を自らの財産で賄える人は多くはないでしょう。

　それでは任意自動車保険は十分に普及しているといえるのでしょうか。2018年3月末現在の任意自動車保険の普及率（車両数に対する付保台数

の割合）は，対人賠償責任保険で74.6%です。この数字にはJA共済や全労災などの共済が含まれていません。共済を含めた実質的な普及率は約88%となります（普及率のデータは損害保険料率算出機構「2018年度自動車保険の概況」を参照）。

　すなわち，約12%の自動車は自賠責のみが付保された状態であるということです。一部の県では，普及率が80%を下回っています。この数字をどう考えるかは人それぞれですが，道路を走っている車の約12%は十分な賠償能力を備えていない可能性があります。

　対人賠償責任保険の保険金額は，いくつかの選択肢があり，契約者が選べるようになっているのが普通です。保険金額の最高金額は「無制限」（保険金支払額に上限がない）です。

②　対物賠償責任保険

　対人賠償責任保険が，人を死傷させた場合の賠償責任をカバーするのに対して，対物賠償責任保険は財物を損傷させた場合の賠償責任をカバーする保険です。先に述べましたように，自賠責は対物賠償をまったくカバーしないため，保険を利用して対物賠償責任に備えるためには任意保険の対物賠償責任保険を契約する必要があります。対人賠償責任保険と同様で，保険金額は契約者が選択でき，保険金額の最高金額は「無制限」です。

③　搭乗者傷害保険

　被保険自動車に搭乗している人が死傷した場合，死亡・後遺障害・医療保険金が支払われる保険です。この保険では，事故の原因や相手からの賠償の有無などとは無関係（ただし，被保険者の故意や自殺行為による本人の傷害，地震・津波・噴火などでは保険金は支払われません）に保険金が支払われます。医療保険金については，傷害の部位や症状に応じてあらかじめ定められた額の保険金が支払われる「部位・症状別定額

払」と，回復するまでに要した日数に所定の金額を掛けた金額が支払われる「日額払」があります。

④　無保険車傷害保険

被保険車両に搭乗中の者が他車によって死亡または後遺障害を被った場合で，相手車両が無保険，当て逃げ，免責事由に該当して対人賠償保険金が支払われなかった場合，もしくは対人賠償保険金が不十分などの理由で十分な賠償を受けられなかった場合に，本来相手から得られるはずの賠償額と実際に得られた賠償額の差額が保険金として支払われます。保険金額は，対人賠償責任保険の保険金額と同額（ただし最高２億円）です。

⑤　車両保険

偶然の事故により被保険車両に生じた損害に対して保険金が支払われます。ちなみに故障は「偶然の事故」ではないので，自動車の故障には保険金は支払われません。自動車同士の事故で，相手自動車が特定可能な場合のみ保険金支払いの対象となる特約（エコノミー特約）があり，この特約により保険料が割り引かれます。

修理費を保険で負担してもらえると，運転者の運転が荒くなる恐れがあります。そこで，車両保険では，免責というものが設けられているのが普通です。実際にかかった修理費から一定金額を引いた金額しか保険会社は支払いません。たとえば，免責が５万円で，修理費が８万円かかったとすると，保険会社が車両保険の保険金として支払うのは３万円です。このような方法で，保険加入者の事故防止の努力を促しています。

⑥　自損事故保険

被保険車両を運転していた者の一方的な過失による事故（単独事故など）により搭乗者が死傷した場合，相手からの賠償が全く受け取れませ

ん。そのような場合に自損事故保険から保険金が支払われます。ただし保険金額は自賠責よりも低く設定されています。後述の人身傷害（補償）保険と補償内容が重複することから，人身傷害（補償）保険と自損事故保険の両方から保険金を受け取ることはできないようになっています。

⑦　人身傷害（補償）保険

　これまで説明した保険は，自動車保険の中でも伝統的な商品ですが，人身傷害（補償）保険は保険自由化により新しく開発された商品です。人身傷害（補償）保険とは，被保険車に搭乗中の人が事故で死傷した場合，損害額（逸失利益，治療費，慰謝料など）のすべてが保険金として支払われる保険です（もちろん保険金額が上限となります）。

　一般的に事故の相手方の対人賠償責任保険による補償は，損害額を算出した後，事故当事者双方の過失割合を算出し，損害額から過失分を除いた額を相手から賠償として受け取るというものです。この場合，自分の過失割合が大きい場合，損害額に対して少額の賠償しか得られないことがあります。

　また，過失割合など相手との交渉に時間や労力を必要とし，相手からの賠償を得るまでに時間がかかるなどの問題があります。搭乗者傷害保険は，過失割合とは無関係に保険金を支払いますが，保険金額が小さいためこれらの問題の解決には十分ではないと思われます。

　人身傷害（補償）保険では，過失割合にかかわらず損害額の全額を保険会社が支払ってくれますので，被保険者はこのような問題から解放されます。

　もちろん，被保険者は補償の二重取りができるわけではありません。たとえば人身傷害（補償）保険の保険金額が5,000万円で，被保険者の損害額が4,000万円であれば，被保険者は保険会社から人身傷害（補償）保険の保険金として4,000万円を受け取ります。相手側の過失割合が80%だとして，仮に事故の相手（が契約している保険会社）方から賠償

金3,200万円も受け取れるなら，被害者は7,200万円を受け取ることになってしまいます。

　実際には，賠償金の3,200万円は，被害者に人身傷害（補償）保険の保険金を支払った保険会社が受け取ります。人身傷害（補償）保険の保険会社は，実質的に800万円の支払いで済んでいますが，こうした賠償金による相殺も考慮に入れて保険料は決められています。

10.2.2　任意自動車保険商品

　上で説明した保険商品は，まったくの単体で販売されているものではありません。実際には，消費者は，各損害保険会社が定めたルールに従って組み合わされた保険商品を購入することとなります。伝統的な保険商品として，「自動車保険」（BAP：Basic Automobile Policy），「自動車総合保険」（PAP：Package Automobile Policy），および「自家用自動車総合保険」（SAP：Special Automobile Policy）と，自動車を所有せず，他人の所有する自動車を運転する人を主な対象としたドライバー保険があります。

①　自動車保険：BAP

　上記の保険の中から必要なものを選択して契約する商品です。ただし無保険車傷害保険は選択できません。そのほか，自損事故保険は対人賠償責任保険に付帯し，また対人賠償，対物賠償，車両保険の少なくとも1つを選択する必要があるなど，商品の組み合わせには制約があることが多いです。

②　自動車総合保険：PAP

　対人賠償責任保険，対物賠償責任保険，搭乗者傷害保険，無保険車傷害保険，自損事故保険がセットになった保険商品です。車両保険は任意で契約することができます。

③ 自家用自動車総合保険：SAP

　自動車総合保険に車両保険を加えた商品です。この商品では，無保険車傷害保険が，記名被保険者とその配偶者および家族が被保険自動車以外の自動車に搭乗中の場合や，歩行中に自動車事故にあい，相手が無保険車である場合もカバーします。

④ ドライバー保険

　自動車を所有せず，レンタカーを含め他人が所有する自動車を運転する人を対象とした保険です。被保険者が他人（配偶者・同居親族は他人には含まれません）が所有する自動車を運転中に発生した事故だけを補償の対象とします。一般的には，借用した自動車に任意自動車保険が契約されていれば，他人が運転して事故がおきた場合でもその任意自動車保険の補償対象となります。

　しかし，任意自動車保険に家族限定特約や運転者年齢条件特約が付帯している場合，補償の対象外となる可能性があります。このような場合に備えるのがドライバー保険です。保険の内容は，損害保険会社によって異なりますが，対人賠償責任保険あるいは対物賠償責任保険（またはその両方）を基本に，搭乗者傷害保険や自損事故保険，人身傷害（補償）保険を任意に付帯するスタイルが多いようです。

⑤ 新しい保険商品

　BAP，PAP，SAPは伝統的な保険商品で，各社ともほとんど商品内容に差がありません。しかし，近年では，保険自由化により各損害保険会社から人身傷害（補償）保険を含んださまざまな独自商品が登場しており，各社ともこのような商品を重点的に販売しているのが実情です。

　したがって，PAPやSAPといった伝統的な商品区分は必ずしも実情を正確に表現しているわけではありません。しかし，新しい独自商品であっても，先に説明した各種保険商品が組み合わされて構成されている

という自動車保険の基本的な商品構造には変わりがありません。

10.2.3　自動車保険の特約と等級制

　ほかの保険同様，自動車保険にもさまざまな特約があり，特約を付加することにより保険金が支払われる対象や保険料が変化します。ここでは，私たち消費者がよく目にする主な特約について説明します。

①　運転者年齢条件特約

　この特約は，運転者が特約に記された年齢の範囲内である場合のみ保険金が支払われるものです。一般に，若年者は事故を起こす確率が高いため，若年者を保険の範囲外とする特約を付加することにより保険料が割り引かれます。

　以前は，21歳未満不担保特約（21歳未満の者が運転している場合保険金支払い対象外），26歳未満不担保特約の2種類がありましたが，保険自由化によって30歳未満不担保特約や70歳以上不担保特約など，新しい年齢区分が登場し，年齢区分の細分化が進んでいます。

②　家族限定特約

　運転者が記名被保険者または同居の家族である場合に限り保険金支払いの対象とする特約です。この特約により，対象者以外が自動車を運転していて事故にあった場合は保険金が支払われなくなりますが，代わりに保険料が割り引かれます。

③　等級制

　自動車保険の保険料の決定には，等級制が採用されています。各等級には保険料割引・割増率が対応しています。その一例を表10-1に示しています。

　一般に等級が大きくなるほど割引率が高くなります。初めての契約は

表10-1　自動車保険料の等級と保険料割増・割引率（ある保険会社の例）

等級	保険料割増率（％） 無事故	事故有	等級	保険料割増率（％） 無事故	事故有
1	＋64	＋64	11	－47	－25
2	＋28	＋28	12	－48	－27
3	＋12	＋12	13	－49	－29
4	－2	－2	14	－50	－31
5	－13	－13	15	－51	－33
6	－19	－19	16	－52	－36
7	－30	－20	17	－53	－38
8	－40	－21	18	－54	－40
9	－43	－22	19	－55	－42
10	－45	－23	20	－63	－44

（注）上記は前契約がある場合の値である。新規契約では 6・7 等級の割増率が上記と異なる。

　6 等級から（同一人が 2 台以上の自動車を保有する場合は，所定の条件を満たせば 2 台目以降は 7 等級から）スタートします。
　保険金支払い事故を起こさない限り，「無事故」等級が毎年 1 等級上がり，保険料割引率が高くなります。たとえば「無事故13等級」だった人が，ある年に保険金支払い事故を起こすと，翌年は 3 等級下がって「事故有10等級」となります。その後無事故で過ごせば，その翌年には「事故有11等級」，次の年には「事故有12等級」となり，その次の年は「無事故13等級」が適用され，以降「無事故」等級が適用されます（これは 3 等級ダウンの事故の例です。保険金支払い事故の種類によっては 1 等級ダウンの場合もあります）。
　なお，契約する保険会社を変更しても，この等級は引き継がれます。
　このように，事故を起こさない者を優遇することで，事故防止の注意を被保険者に促しているのです。注意しておかねばならないのは，等級

に影響するのは保険金が支払われた場合だという点です。すると，軽微な事故の場合，保険金を受け取ることのメリットと，来年以降保険料が高くなる（割引が減るから）ことのデメリットを考えなければなりません。結局少額の事故ですと，保険金を請求できません。この点からも，保険加入者が保険加入によって事故を防ぐ動機を失わないようにしています。

④　リスク細分型自動車保険

　1997年の保険自由化以前は，保険会社が保険料を割引・割り増しする要因として，年齢条件，家族限定特約などごく限られたものしか認められませんでした。保険自由化により，地域（統計的に事故の発生確率が高い地域では保険料が高くなる），免許証の種類（優良運転者か否か），自動車の用途（商用，通勤，レジャー等），年間走行距離（年間走行距離が短いほど保険料が低くなる），自動車の使用目的（自家用，営業用など）などさまざまな要因を考慮して保険料を決定することができるようになりました。このような保険を総称してリスク細分型保険と呼びます（これについては，第7章で詳しく説明しています）。

⑤　テレマティクス保険

　情報通信技術を活用し，自動車の運転を分析して保険料の決定などに役立てようというのがテレマティクス保険です。日本でも，スマートフォンのセンサーを利用したり，保険会社が貸し出した専用の端末を自動車に置くなどして運転状況についての情報を収集したりして，その結果に応じて保険料を割り引く商品がすでに実用化されています。

1. 諸外国にも日本の自賠責と似た強制保険制度があります。諸外国の制度を参考に，より良い自賠責制度について考えてみましょう。

2. 損害保険会社のウェブサイトやパンフレットなどを参考に，実際に販売されている自動車保険の補償内容がどのようになっているか調べてみましょう。

第11章

その他の保険

この章では，ここまで取り上げられなかった保険のうち，第三分野と呼ばれる分野の商品と，それ以外の商品のうち目だったものをいくつか取り上げて解説します。

第三分野の保険は，保険法では傷害疾病定額保険および傷害疾病損害保険として定義されています。前者は，被保険者が一定の状態（入院，特定の疾病の罹患など）になった場合に一定額の給付を行う商品です。一方，後者は実損てん補型の商品を指します。具体的には，医療保険，介護保険，傷害保険などがあります。

11.1　第三分野の保険

11.1.1　医療費用保険・医療保険

医療費用保険とは，被保険者が疾病や傷害状態となったとき，公的医療保険でカバーされない自己負担分や差額ベッド代など，被保険者が実際に負担した費用相当額を保険金として支払う実損てん補の保険です。

一方，医療保険・疾病保険と呼ばれる商品は，入院，通院，手術などの場合に，実際に被保険者が負担した金額とは無関係にあらかじめ定められた額の保険金・給付金が支払われるものです。

たとえば，入院1日当たり1万円，所定の手術に対して10万円といったように給付額が定められています。医療保険・疾病保険は，単体として販売されている商品のほかに，生命保険の特約として付帯する商品が

ありますが，保険としての基本的な機能は変わりません。

図11 - 1に示されているように，近年では，医療保険契約数の伸びが顕著です。また，保険会社以外にも，JA共済などの共済でも同様の商品が販売されています。

医療保険は各社から販売されており，その商品特性はきわめて多彩です。保険料や保険金・給付金の額，保険期間の違いはもちろんのこと，保険金・給付金の支払い条件なども各商品によって異なります。具体的には，たとえば，次のような点で違いがあります。

① 1回の入院に対して支払われる保険金・給付金の最大支払日数
　90日，120日など。この日数が長いほどより多くの保険金・給付金が受け取れる可能性があります。

② 保険期間内における入院保険金・給付金支払額の通算日数の上限

図11 - 1　　**医療保険・ガン保険保有契約数の推移（生命保険会社分のみ）**

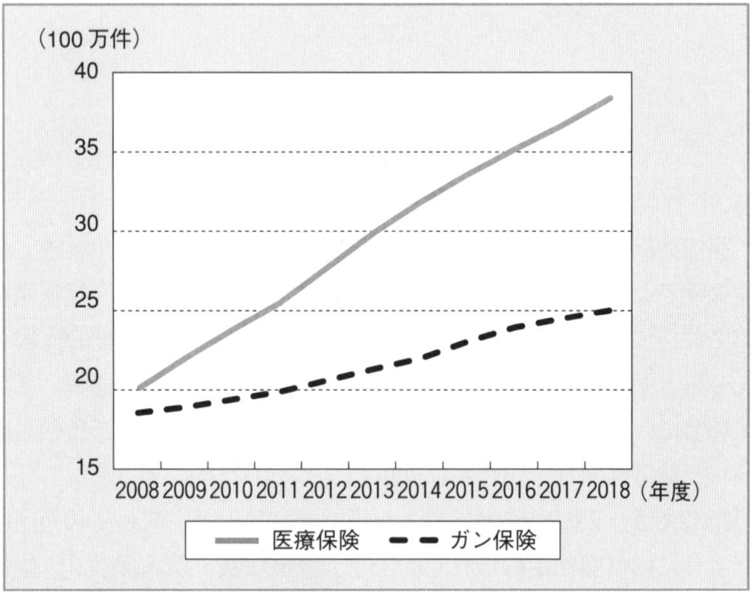

（出所）生命保険協会「生命保険事業概況」。

730日，1,095日など。この日数が長いほどより多くの保険金・給付金が受け取れる可能性があります。

③　保険金や給付金が支払われる入院の最低日数

日帰り入院でも入院保険金が支払われる商品，7日以上入院しないと保険金・給付金が支払われない商品などさまざまです。もちろん，短期入院でも保険金が支払われる商品ほど，保険金を受け取れる機会は増えます。

④　告知・診断の有無

通常は保険契約の際，被保険者は健康状態について告知・診査を求められ，健康状態が保険会社が定めた基準に満たない人は契約を拒否されますが，告知・診査が不要な無選択型保険や，契約条件を緩和した限定告知型保険も各社から販売されています。ただし，無選択型保険や限定告知型保険は，そうでない商品より保険料が高くなるのが普通です。また，これらの保険では，免責（保険金が支払われないこと）事由が一般の保険より広範に定められていることが多いですので，契約時にはよく確認することが必要です。したがって，各商品の内容をよく知って，自分のニーズにあった保険を選ばなければなりません。

　一般的な医療保険のほか，特定の疾病の治療のみを保険金・給付金の支払い事由とする「ガン保険」「生活習慣病保険」などの保険商品も販売されています。ガン保険でも，上皮内ガンを保険金・給付金支払いの対象としない商品など，内容は多彩です。商品選択の際には，保険料だけでなく，保障内容についてもよく検討することが必要です。

11.1.2　傷害保険

　偶然の事故の結果，被保険者に傷害が生じた場合の入通院，後遺障害，死亡等について所定額の保険金を支払う保険です。傷害保険の名のとおり，医療保険とは異なり，傷害のみが補償の対象であり，疾病は補償の

対象外です。ただし、海外旅行傷害保険は例外的で、傷害だけでなく、旅行中に発病した疾病の治療費用や疾病が原因の死亡も保険金支払いの対象としています。

　傷害保険にはさまざまな種類があります。例をあげると、傷害一般をカバーする普通傷害保険、普通傷害保険とほぼ同内容ですが、記名被保険者だけでなく、その配偶者や同居家族などが被保険者となる家族傷害保険、満期返戻金が支払われる積立傷害保険・積立家族傷害保険、交通事故による傷害のみをカバーする交通傷害保険、旅行中の傷害に対してのみ保険金が支払われる国内旅行傷害保険や海外旅行傷害保険、スポーツ中の傷害を補償の対象とするスポーツ傷害保険などです。

　傷害保険は、モノではなくヒトにかかわる保険ですが、もともと損害保険会社の主力商品の１つでした。とくに、積立型の傷害保険は損保の保険としては特異です。ほとんどの損害保険は、補償機能が中心で貯蓄機能はほとんどありません。つまり、短期で満期返戻金がない、いわゆる掛け捨て保険です。それに対して、積立傷害保険は、長期で満期返戻金があり、貯蓄機能重視の商品です。予定利率が高い時代には貯蓄性商品として人気があり、1996年度には、損害保険会社各社の元受正味保険料に占める積立傷害保険のシェアが２割を超えるほどでした。ただし現在では低金利によりこの商品の人気も薄れ、2017年度ではシェアが約１％未満となっています。今では生命保険会社も傷害保険を自由に引受け・販売することができますが、市場シェアは損害保険会社のほうが大きいです。

11.1.3　介護保険

　社会保険の１つである（公的）介護保険とは別に、民間保険会社からも介護保険が販売されています。公的介護保険の自己負担分の出費への備えや、公的介護保険の適用外となる支出、また公的介護保険の給付対象である年齢に到達する以前に要介護状態になった場合などへの備えと

して，民間保険会社の介護保険を利用することが可能です。公的介護保険は，公的医療保険と同様に介護サービス等の現物給付ですが，民間の介護保険では，被保険者が要介護状態になった場合に一時金や毎月所定の給付金が支払われます。

　第12章で詳しく説明するように，公的介護保険の被保険者は40歳以上なのですが，40歳以上65歳未満の被保険者は，特定の疾病が原因で要介護状態となった場合のみ給付を受けられます。40歳未満の人はそもそも公的介護保険の対象外ですし，40歳以上65歳未満で特定疾病以外の原因（たとえば，交通事故など）で要介護状態となった場合は，この条件に当てはまらず，公的介護保険の給付の対象外です。民間介護保険にはそのような制約がなく，各社が独自に給付の基準を設けています。

11.1.4　所得補償保険・就業不能保険

　保険期間中に，疾病や傷害によって被保険者が就業不能状態となったとき，就業不能期間に応じてあらかじめ定められた保険金額が支払われる商品です。生命保険会社からは，似たような名前の「収入保障保険」という商品が販売されています。これは死亡保険の一種で，被保険者が死亡した時点から保険期間満了まで（たとえば）毎月20万円の保険金が支払われるというものです。若くして被保険者が亡くなると，保険期間満了までの期間も長くなり，それだけ多くの保険金が受け取れます。一方，所得補償保険は被保険者が生存している（かつ就業不能状態である）ことが保険金支払いの条件です。商品名は似ていますが全く別の商品ですので注意してください。

11.2 その他の保険

11.2.1 海上保険

　損害保険の一種である海上保険とは，船舶および船舶が輸送する貨物を対象とした商品で，保険の中でも最も古い歴史を有します。その起源は紀元前の，冒険貸借と呼ばれる金銭の貸借と保険を兼ねた取引にあるとされています。そして，14世紀の地中海地方においてはすでに現代の海上保険の原形になる仕組みが存在していました。

　日本における最初の保険会社も海上保険会社でした。このように，かつては海上保険は損害保険会社の主要業務であり，そのことは一部の損害保険会社が今でも社名に「海上」の文字を冠していることからもうかがえます。

　ただし，現代の日本の損害保険会社の主要なビジネスは火災保険や自動車保険，傷害保険等に移行していて，各社の保険料収入に占める海上保険のシェアはかなり小さくなっています。2017年度では，海上・輸送保険の元受正味保険料に占めるシェアは４％以下となっています（日本損害保険協会調べ）。

　海上保険は，船舶そのものを対象とする船舶保険と，貨物を対象とする貨物保険に大別されます。貨物保険には，航空機で輸送される貨物を対象とした保険も含まれます（航空機の機体を対象とした保険として，航空保険と呼ばれる保険が別に存在します）。船舶保険には，船舶運行中の海難事故による損失をてん補する普通期間保険，事故が原因の海洋汚染除去費用などをてん補する船主責任保険，戦争による損害を対象とした戦争保険などがあります。また，貨物については，貨物海上保険などがあります。

11.2.2　賠償責任保険

　賠償責任保険とは，損害保険の一種で，個人や企業が賠償責任を負うことによる財産の損失に備えるための保険です。

　自動車保険に含まれる対人賠償責任保険や対物賠償責任保険も賠償責任保険の一種ですが，通常これらの保険は自動車保険の一部とみなされます。そのほかにもさまざまな賠償責任保険が販売されています。

　個人賠償責任保険は，誤って他人を負傷させたり他人の財物を破損したりするなど，個人の日常生活において生じる賠償責任一般についてカバーする保険です。スポーツ賠償責任保険とは，スポーツ一般，または特定のスポーツ中において発生した賠償責任をカバーする保険です。傷害保険とセットにした「スキー保険」「ゴルファー保険」などの商品が販売されています。

　そのほか，以下のような賠償責任保険が販売されています。

①　生産物賠償責任保険

　企業が製造した生産物の欠陥等に起因して，消費者等が損害を負い，生産者が賠償責任を負った場合に備えるための保険です。

　1995年に製造物責任法（PL法）が施行され，商品の生産者に故意・過失がない場合でも，生産物に欠陥があり，その結果消費者に被害を及ぼしたことを消費者が証明できれば，生産者に賠償責任が生じるようになりました。

　PL法制定以前は，商品に欠陥があった場合でも，消費者側が生産者の故意・過失が存在することを証明できなければ生産者に賠償責任が発生しませんでした。生産物賠償責任保険という商品はPL法施行以前から存在したのですが，PL法施行に伴い，生産者にとって生産物の欠陥が賠償責任に発展する可能性が増大したことから，生産物賠償責任保険への注目が高まりました。

　生産物賠償責任保険から支払われる保険金として，被保険者から被害

者に支払われる損害賠償金のほか，訴訟費用や損害防止軽減費用などがあります。一方，生産物の修理回収費用はこの保険の保険金支払いの対象外です。

② 特定の職業人を対象とした賠償責任保険

弁護士，医師等の専門家が職務上の行為により賠償責任を負った場合に備えるための保険として，「弁護士賠償責任保険」「医師賠償責任保険」等の専門家責任保険と呼ばれる商品が販売されています。

弁護士，医師のほかにも建築士や税理士など，対象となる職業は多岐にわたります。被保険者が支払うべき損害賠償金のほか，訴訟費用も保険金支払いの対象としています。

専門家が賠償請求を受ける事例の増加は，もともとアメリカで顕著でしたが，最近では，日本でも医療過誤訴訟の増加により医師が損害賠償請求を受ける機会が増え，このような商品が注目されています。

③ 会社役員賠償責任保険

会社役員が業務遂行上，会社に損失を与えたとして株主等から損害賠償請求を受けることがあります。会社がこうむった損失は，結局株価の下落などを通じて株主の損失につながります。会社役員は，訴訟の場などで会社に損失を与えたと認められれば，会社に対して損失額相当額を賠償する義務があります。このような場合に損害賠償額や弁護士費用等を保険金として支払うのがこの会社役員賠償責任保険です。

一般に訴訟を提起する際に裁判所に支払う費用は訴訟額に応じたものになりますが，株主代表訴訟のように訴訟額が数十億円，数百億円に上る場合，費用が非常に高額となることが株主代表訴訟を提起するうえで大きな障害となっていました。しかし，1993年の商法改正により，株主代表訴訟の訴訟費用は一律8,200円（現在では，13,000円）と大幅に低減されたことが株主代表訴訟の増加を促しました。また，株主意識の高ま

りや経営者の行動に対する関心の強まりなどから，会社役員が株主から
損害賠償請求を受ける事例が増加しています。

　もともと株主は役員を任免するなど，会社経営に関与する権利を有し
ていますが，現実にはごく一部の大株主を除いて，株主としての権利を
行使することによって会社の経営に実質的に関わることは困難です。株
主代表訴訟は少数株主による会社経営の監視のための手段と考えること
ができます。

　株主代表訴訟の著名な例として，恐喝してきた相手に不当に利益供与
を行い，会社に損害を与えたとして蛇の目ミシン工業の旧経営陣が訴え
られた株主代表訴訟では，5人の旧経営陣に対して総額約583億円の支
払いを命ずる判決が確定しています。

　また，大和銀行ニューヨーク支店の行員が巨額の損失を発生させた事
件では，同行の役員らに総額7億7,500万ドルもの賠償を命ずる判決が
なされました。その後賠償総額2億5,000万円で和解が成立しましたが，
会社役員の責任の重さが注目を集めた事件でした。

　こうした役員賠償責任保険は，役員の財産を守れるというだけでなく，
役員が責任追及をおそれて積極的な経営方針・施策を実行に移せないと
いった弊害を防げます。しかし，何でも保護してしまっては，役員が違
法行為を行うことを助長することになりかねません。そのために，会社
役員の犯罪行為，違法に私的利益を得ようとして行った行為などは，本
保険の保険金支払いの対象外になっています。

　最後に，賠償責任保険は，さまざまな賠償リスクに対応する保険です
が，賠償額が高騰する傾向にあります。アメリカでは1980年前後に「保
険危機」と呼ばれる現象が発生しました。これは，生産物の欠陥や医療
過誤などの理由で消費者が生産者や医師などを訴え，高額の賠償支払命
令が相次いだためです。皆さんも，日本の常識では考えられないような
高額の賠償金支払いや理不尽とも思えるような訴訟例，アンビュラン

ス・チェイシング（まるで救急車（アンビュランス）を追いかけるかのように，弁護士が報酬目当てに事故の被害者に訴訟を勧める行為）などの話題を耳にしたことがあるでしょう。

賠償責任保険の保険金支払いがかさんだ保険会社は，賠償責任保険の保険料を大幅に値上げしたり，賠償責任保険の引き受け自体を拒否するなどの事態に発展しました。そのため，一部の地域では賠償責任保険料の高騰を嫌って医師が流出し，医療危機とも呼べる事態になりました。

日本では，損害賠償に対する考え方などがアメリカとは異なるため，アメリカほど深刻な事態が生じる可能性は低いのですが，産科などリスクの高い分野では，医師不足の問題が表面化しつつあります。この事態に対応して，分娩時の脳性麻痺の発生に対して医師の過失がなくても補償を行う「産科医療補償制度」が，民間保険会社のリスク引き受けにより2009年1月より始まりました。この制度のおかげとは断定できませんが，最高裁判所によれば，産婦人科に関する訴訟件数は2008年の99件から2018年の47件（既済）に減少しています（最高裁判所「医事関係訴訟事件（地裁）の診療科目別既済件数」）。

11.2.3　保証保険

被保険者が義務を履行しなかったことによる，被保険者の取引相手の損害をカバーするのが保証保険です。被保険者は保証保険契約を結ぶことにより取引相手からの信用を高めることができるため，契約を獲得しやすくなったり，商品を販売しやすくなります。

公共工事に関しては，公共工事履行保証保険（履行ボンド）と呼ばれる商品もあります。公共工事入札における談合を防止するには，建設会社が自由に入札に参加できる一般競争入札が有効ですが，経営内容が不安定な建設会社が落札すると，建設会社が破綻するなどの理由で，工事を完成させられるか不安が残ります。履行ボンド等の信用補完制度により，一般競争入札におけるこのような不安を取り除き，工事の発注者が

一般競争入札を採用しやすくなります。

　取引信用保険とは，企業が取引先から代金を回収できなくなった場合に損失の一定割合を保険金として支払う商品です。保証保険が，資金の借り手が被保険者となるのに対して，取引信用保険は資金を受け取る側が被保険者となります。また取引信用保険は，被保険者の複数の取引相手の代金未払いを一括して保険の対象とする点が特徴です。

　保証保険とは少々異なりますが，変わった保険として映画制作費用保険という保険もあります。これは映画制作に関して，映画が完成しない場合はそれまでにかかった費用を補償し，制作費が当初の予算を上回った場合は必要な追加費用を補償する保険です。

11.2.4　企業費用・利益保険

　企業費用・利益保険とは，火災や落雷，風災，電気やガスの供給停止などが原因で，企業の営業が阻害された場合に生ずる利益の減少額，営業が中断したにもかかわらず発生する人件費や家賃等の固定費用，収益減少防止や営業継続のために必要な費用を保険金として支払う，企業向けの保険です。火災等による直接の損害は火災保険により補償されますが，上にあげたような間接的な損害については，火災保険の補償の対象外です。また，取引先の罹災や電気・ガスの供給停止などによる損失は，一般の火災保険等の保険商品や事故防止のための自助努力で対処することが非常に難しいのです。このような間接的な損害に備えるためには，この企業費用・利益保険が必要となります。

11.2.5　時代の変化に応じて新しく開発された商品

①　自転車保険

　自動車運転中などにおける対人・対物賠償責任をてん補するのが自動車保険の役割の１つです。では，自転車運転中の事故についてはどうでしょう。自転車で大きな事故を起こすはずはないと思う人もいるかもし

れませんが，歩行者に衝突して歩行者が亡くなったり重い障害を負ったりした場合，高額な賠償の支払い義務が発生することがあります。2013年には小学生の運転する自転車が歩行者に衝突した事故で約9,500万円の賠償を命ずる判決が出たことが話題になるなどの背景があり，このような事態に備える保険への注目が高まっています。

　このような事態に備えるための代表的な保険商品が，11.2.2で説明した個人賠償責任保険（自転車搭乗中に負った賠償責任も補償範囲です）です。この保険は，火災保険や自動車保険の特約として契約されていることが多く，また一契約で，保険証券に記された被保険者以外にその配偶者，未婚の子，および被保険者とその配偶者の同居親族が自動的に被保険者となります。家族が契約している保険を調べ，あなたが被保険者の範囲に含まれているか確認しましょう。

　また自転車保険という保険商品もあります。自転車保険の多くは，個人賠償責任保険と傷害保険をセットにした商品です。ただし，学校など団体を通じて契約する一部の商品には，自転車搭乗中の賠償責任のみを補償する（個人賠償責任保険より補償範囲が狭い）ものもあります。メディアなどでは「自治体が自転車保険を義務化」などと報じられますが，実際には自転車利用に関わる賠償責任保険（共済）の義務化であり，必ずしも「自転車保険」という商品を購入する必要はありません。自転車保険を購入する前に，上述のように家族が契約している保険を確認し，また火災保険など既存の保険契約に特約を付帯するのと比較して検討するのがよいでしょう。なお，これらの保険商品では，アルバイトなど業務に起因する賠償責任は補償の対象外ということには注意してください。

②　サイバー保険

　サイバー保険とは，不正アクセスや個人情報の漏えいなどの情報セキュリティに関するリスクに備える保険です。企業向けの保険商品はもちろん存在しますが，近年では個人住宅の住宅設備や家電にもネット対応

型の機器が増えており，これらの機器がサイバー攻撃を受けた場合に保険金を支払う商品を火災保険の特約として用意する保険会社もあります。そのほか，ネット上での「炎上」が発生した場合に対策費用をてん補する企業向け保険も登場しています。

③　テロ保険

　テロ保険とは，海外でテロなどが発生した場合に，従業員の避難・帰国費用や，事業継続・再開のための調査費用などを補償する企業向け保険です。その他，個人向けに販売されている海外旅行傷害保険にも，テロにより目的地への到着が遅延した場合に滞在費用などを補償する特約を付帯できる商品があります。

Challenge	挑んでみよう！

1. 各社の医療保険やガン保険の商品内容を詳しく調べてみましょう。また，それらを比較して，その違いは何かを考えてみましょう。
2. 日本で製造物責任が問われた事例について調べてみましょう。

社会保険

社会保険には，健康保険，介護保険，雇用保険，公的年金保険などさ
まざまな制度が含まれます。この章では，公的年金保険以外の主な社会
保険について説明します。公的年金保険に関しては第13章で取り上げ
ます。

12.1　社会保険とは

社会保険とは，政府が政策上の目的を達成するため，保険の仕組みを
利用して運営する制度の総称です。社会保険と社会扶助（生活保護・児
童手当など）との違いは，社会扶助は税金で運営され，負担と給付が無
関係であるという点です。すなわち所定の要件を満たせば，税金や保険
料などの負担の有無にかかわらず誰でも給付を受けることができます。
一方，社会保険は，保険料を負担した者のみが給付を受けるのが原則と
いう点で，保険の原理に従っています。

では，民間保険と比較するとどうでしょうか。民間保険は，保険会社
と契約者の双方の合意の下で契約がなされます。契約者は保険契約を強
制されることはありませんし，保険会社も契約を拒否することができま
す。一方，社会保険の大半は強制加入に近い形を取っており，国民が自
由に契約を選択することを前提とはしていませんし，運営者側にも契約
を拒否することは許されません。

また，民間保険は給付と保険料の間に比例関係があります。2倍の給

付を受けるためには，原則として２倍の保険料を負担することが必要です。しかし，社会保険では給付と負担の関係が必ずしも明確ではありません。

　たとえば，公的健康保険を例にあげると，保険料負担は所得にほぼ比例しますが，給付は同一制度内であれば誰でも同一です。保険料を多く支払っているからといって，医療費の自己負担額が少なくなったり，他の人より良い医療が受けられるわけではありません。また，厚生年金も，保険料負担は所得に比例しますが，給付は定額の基礎年金部分＋報酬比例部分となっていますから，給付と負担の間に厳密な比例関係は成立しません。

12.1.1　社会保険の所得再分配機能

　先に説明しましたように，社会保険には，負担額と給付額の間に民間保険のような明確な関係がないことが多いのです。すなわち，社会保険には，税に似た一種の所得再分配機能があります。公的健康保険のように，保険料が所得比例であるにもかかわらず，給付が一定である場合，所得が低い人ほど低い保険料で給付を受けられるため，所得の低い人に有利です。

　制度全体としてみた場合，所得が低い人は保険料の負担額に対して大きい給付を受けていて，不足する財源は高所得者の保険料で賄われていると考えられます。つまり，健康保険には所得の高い人から所得の低い人への所得再分配機能があります。

　また，公的年金において，現役世代の納めた保険料が高齢者への年金原資となる賦課方式が採用されていますが，これは現役世代から高齢者世代への所得再分配が行われていることになります。一方，民間保険には所得再分配機能はありません。民間保険では，保険料は純粋に保険数理により決定されており，一部の契約者を犠牲にして他の契約者を有利に扱うことはありません。

12.1.2　社会保険と皆保険

　社会保険の多くは，対象者全員が加入する皆保険制度を採用しています。それにはいくつかの理由があります。

　第1に，皆保険にすることにより政策目的を達成しやすくなることです。たとえば，公的年金への加入を自由化すると，老後の生活が経済的に非常に厳しい状態に置かれる人や，公的年金（あるいは貯蓄・個人年金保険等による自助努力）で老後の経済的準備をするのを意図的に怠り，老後の生活を生活保護に頼ろうと企てる人が現れないとも限りません。

　これは，一種のモラル・ハザードといえ，納税者に過大な負担を強いることになります。国民に自ら老後の備えをして，一定水準の老後生活を送ってもらうためには，年金保険への加入を自由意志に任せることは必ずしも望ましくないでしょう。

　第2に，社会保険には所得再分配機能があると説明しましたが，それはすなわち社会保険により利益を得る人や不利益を被る人が存在することに他なりません。公的健康保険では，先ほど説明しましたように，給付は一律にもかかわらず，所得の高い人は多額の保険料を支払う必要があります。

　また，保険料は健康状態と無関係に定められていますから，健康状態の良好な人にとっては割高な保険料となっている可能性があります。公的健康保険への加入を自由化すれば，所得とは無関係に，健康状態に応じた保険料を徴収する民間保険商品が出現し，健康状態が良好な人や所得が高いために公的健康保険では健康状態の割に高い保険料を支払ってきた人は，公的健康保険から脱退してこのような民間保険商品を購入するかもしれません。

　一方，健康状態が良好でなく，所得が低い人は進んで公的健康保険を選択するでしょう。これは公的健康保険に逆選択が発生しているということを意味し，公的健康保険の運営は困難となります。国民全員を公的健康保険の対象とする皆保険制度により，一部の人が保険制度から脱退

することを防ぎ，逆選択の発生を防止しているのです。

　民間の保険商品は保険会社，契約者の自由意志により契約がなされるため，民間保険商品のみで上記にあげたような問題を完全に解決することは難しいのです。

12.2　公的医療保険

　日本の公的医療保険（健康保険）制度は，「国民皆保険」すなわち，全国民が何らかの公的医療保険制度に加入することを原則としています。

　日本の公的医療保険は，健康保険組合，国民健康保険，共済組合等複数の制度から構成されており，国民はいずれかの制度の適用を受けることとなります。なお，被扶養者の場合は，扶養者が加入している公的医療制度を利用することができます。

12.2.1　各種の公的医療保険制度
①　健康保険組合
　被保険者数700人以上の事業主，もしくは複数の事業主が設立する場合は被保険者数3,000人以上の場合に健康保険組合を設立することができます。つまり，健康保険組合とは企業（もしくは複数の企業）等の単位で設立され，その従業員を被保険者とする医療保険制度です。

②　健康保険協会管掌健康保険制度（旧　政府管掌健康保険）
　健康保険組合の設立されてない事業所に雇用されている者は，一定の業種・規模の個人事業主に雇用されている場合を除いて，健康保険協会管掌健康保険制度の被保険者となります。飲食業等特定業種または小規模の個人事業主に雇用されている場合は任意加入です。

　健康保険協会管掌健康保険制度はもともと政府管掌健康保険として政

府（社会保険庁）が運営してきましたが，2008年10月に社会保険庁から運営が分離され，新たに設置された公法人である全国健康保険協会が管掌する，全国健康保険協会管掌健康保険制度（通称協会けんぽ）となりました。協会けんぽの大きな特徴として，都道府県別の運営があげられます。従来の政府管掌健康保険が全国一律の運営であったのに対して，全国健康保険協会は本部のほか各都道府県に支部を設け，支部ごとに運営方針を定めます。保険料率も都道府県ごとに決定され，2019年度では，最低9.63％（新潟）〜最高10.61％（佐賀）の保険料格差が生じています。

③　国民健康保険

　健康保険組合や健康保険協会管掌健康保険の対象外である被雇用者や，被雇用者以外の自営業，農業等に従事する人が対象で，市町村により運営されます。

④　国民健康保険組合

　国民健康保険制度の一部ですが，市町村が運営する制度とは違い，医師や歯科医師等の同業者を組合員とする健康保険組合で，業種別に各地域に設立されています。

⑤　共済組合

　共済組合は，国家公務員，地方公務員，私立学校教職員を対象にした制度です。国家公務員や地方公務員を組合員とする共済組合は，職場・職種ごとに設立されているため（たとえば，文部科学省共済），その数は数十に及びます。

⑥　船員保険

　船員を対象にした保険制度です。職務の特殊性から他の制度から独立しており，行方不明手当金といった他の制度にはない給付があります。

しかし，加入者数が減少しており，将来は他の制度に統合されるべきであるという意見もあります。政府管掌健康保険同様，2008年10月より社会保険庁から全国健康保険協会に運営が移管されています。

⑦　後期高齢者医療制度

　75歳以上の高齢者については，従来は老人保健制度と呼ばれる制度が適用されてきました。この制度の下では，75歳以上（一定の障害を持つ人は65歳以上）の人は，上記のいずれかの健康保険制度の適用を受けながら，同時に老人保健制度の対象となり，自己負担分の低減措置を受けてきました。

　ただし，老人保健制度の問題として，高齢者の多くは国民健康保険に加入しているため，国民健康保険加入者に占める高齢者の比率が高くなり，国民健康保険の財政運営が厳しくなることが指摘されてきました。特に，国民健康保険は市町村単位で運営されているため，高齢者の比率が高い過疎地などでは深刻な財政問題が発生していました。

　この問題点に対処するために2008年4月から開始されたのが，後期高齢者医療制度です（図12－1）。後期高齢者医療制度は，国民健康保険等既存の健康保険制度とは切り離された独立した制度となっています。

　運営は，都道府県ごとに設立され各都道府県内の全ての市区町村が参加する後期高齢者医療広域連合によって行われ，75歳以上（一定の障害をもつ人は65歳以上）の人すべてを被保険者としています。市町村ではなく広域連合による運営とすることで，年齢構成や経済状態の違いによる地域格差を少なくするようになっています。公費，各医療保険制度からの拠出および被保険者の支払う保険料により財源を賄います。

12.2.2　公的医療保険の保険料

　公的医療保険の保険料は，制度によって異なります。国民健康保険の場合は，運営主体である市町村ごとに保険料が異なります。また，保険

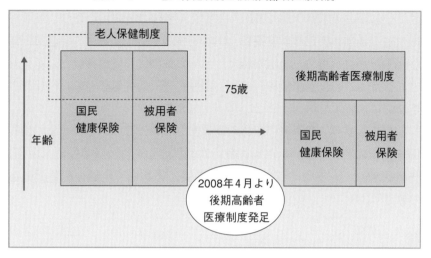

図12－1　　老人保健制度と後期高齢者医療制度

料の算出方法も市町村によって異なりますが，所得に応じて保険料が増加する（所得割）のが基本です。そのほか，世帯が保有する資産に比例する資産割や，加入人数に比例する均等割，1世帯当たり定額を課す平等割があり，これらのいくつかあるいは全部の要素を組み合わせて保険料を算出します。また財源の半分が公費で賄われています。

　後期高齢者医療制度は，費用の1割を保険料として被保険者から徴収し，約5割を公費，残りは各公的医療保険制度からの拠出で賄います。その他の被用者保険は，所得の一定割合を労使折半しますが，それぞれの制度で財政状態や加入者の年齢構成が異なるため，保険料は制度ごとに異なります。また健康保険協会管掌健康保険の保険料の一部（2019年現在16.4%）は国庫負担で賄われています。

12.2.3　公的医療保険の給付

　後期高齢者医療制度では，現役並み所得者は医療費の3割，それ以外は1割を自己負担し，残額が給付されます。その他の制度では，自己負

担は3割（ただし70歳以上で所得が一定以下の場合は1割（昭和19年4月2日以降生まれの人は2割），小学校入学前は2割）であり，残額が給付されます。また高額療養費という制度があり，1カ月の自己負担額が上限を超えた場合，上限を超えた部分の金額は高額療養費として支給されます。さらに医療費以外にも，出産育児一時金等などの給付があります。

　ただし，すべての医療が給付の対象となるわけではありません。公的医療保険の給付対象外となる医療行為の例としては，美容整形，金歯，先端医療などがあり，これらの治療を受ける場合は全額自己負担となります。

12.2.4　公的医療保険の課題

　しばしば問題を指摘される公的年金制度の陰に隠れがちですが，公的医療保険制度も，高齢化に伴い深刻な財政問題を抱えています。高齢者は医療を必要とすることが多いため，高齢化は医療費の増大を招きます。

　先ほど説明しましたように，高齢化の影響を強く受けていたのが国民健康保険でした。国民健康保険の負担を緩和するために後期高齢者医療制度が発足しましたが，今度はこの制度に拠出する健康保険組合の負担増が問題となっています。

　健康保険組合の連合組織である健康保険組合連合会によれば，後期高齢者医療制度が導入された2008年度から2019年度までの間に100以上の組合が解散しました。健康保険組合が解散すると，従業員は健康保険協会管掌健康保険制度（協会けんぽ）に加入しますので，直ちに大きな問題が発生するわけではありません。

　ただし，健康保険協会管掌健康保険制度の財源の一部は，国庫負担で賄われています。健康保険協会管掌健康保険制度の加入者増加は財政支出の増加に直結し，今後も同様の動きが相次げば深刻な問題となるかもしれません。

12.3　介護保険

12.3.1　介護保険導入の背景

　介護保険は2000年度から導入された新しい社会保険で，主に高齢者の介護にかかわる費用負担の軽減を目的としています。介護保険が導入された背景には，介護の社会問題化があります。高齢化により高齢者介護の機会が増えることとなりましたが，多くの場合介護は家庭内で行われ，家族の介護負担が深刻な問題となりました。介護保険が導入される前より各種の介護サービスは存在しましたが，必ずしもすべての人に利用できるものではありませんでした。

　公的老人福祉施設は，比較的低料金で利用できましたが，数が少なく，入居に数年も順番待ちすることが珍しくありませんでした。一方，民間の有料老人ホームは高額の入居一時金が必要で，誰にでも利用できるものではありません。在宅介護では，基本的に家族が介護するものとされ，自治体にもよりますが公的支援はほとんどありませんでした。

　家庭内介護が困難な場合，介護施設の代わりとして用いられたのが病院です。医学的には入院する必要のない人を，介護上の理由により入院させるもので，これを「社会的入院」と呼びます。入院治療の必要な人のために設備や人員が整った病院に，入院の必要がない人を収容するわけですから，当然コストは割高となります。公的医療保険のおかげで，要介護者にとっての見かけ上のコストは低くなりますが，公的医療保険の負担は増大します。

　介護保険が導入された理由は，以上で説明した問題点を解決するためです。すなわち，介護保険の目的とは，家族の介護負担を軽減し，在宅介護・施設介護にかかわらず，誰もが一定水準の介護サービスを受けることができるようにすること，および社会的入院を減らし，公的医療保

険を含めた全体としての介護コストを削減することです。

12.3.2　介護保険制度の概要

　介護保険の運営主体は市区町村です。被保険者は，第１号被保険者が65歳以上の者，第２号被保険者は40歳から64歳までで公的医療保険に加入している者です。また保険料は，第１号被保険者は市町村に直接納付しますが，その額は市町村によって異なります。第２号被保険者は加入している公的医療保険制度を通じて保険料を納付しますが，その額は医療保険制度によって異なります。被用者の場合は，公的医療保険制度同様，保険料は労使折半です。

　また，後述する利用者負担を除いた額の50％は保険料で，残りの50％は公費負担で賄われます。50％の内訳は，施設介護の場合国が20％，都道府県が17.5％，市区町村が12.5％です。在宅介護の場合は国が25％，都道府県および市区町村がそれぞれ12.5％となっています。

12.3.3　介護保険の給付

　給付対象は，第１号被保険者の場合は，市町村により要介護認定を受けた者，第２号被保険者の場合は，定められた「特定疾病」が原因で要介護認定を受けた者のみとなります。

　特定疾病として定められているのは，がん末期，関節リウマチ，筋萎縮性側索硬化症，後縦靱帯骨化症，骨折を伴う骨粗鬆症，初老期における認知症，パーキンソン病関連疾患，脊髄小脳変性症，脊柱管狭窄症，早老症，多系統萎縮症，糖尿病性神経障害・糖尿病性腎症及び糖尿病性網膜症，脳血管疾患，閉塞性動脈硬化症，慢性閉塞性肺疾患，両側の膝関節又は股関節に著しい変形を伴う変形性関節症の16種類の疾患です。つまり，特定疾病ではない，交通事故などによって第２号被保険者が要介護状態になった場合，介護保険の給付を受けることができません。

　要介護認定は，必要と認められる介護の度合いによって要支援１，要

支援2，要介護1～5の計7段階に分かれています。要介護認定を受けると，介護支援専門員（ケアマネージャー）と本人，家族が相談のうえ作成した介護サービス計画に従って，訪問介護や日帰り介護，特別養護老人ホームへの入所などのサービスを受けることができます。利用者は介護サービス費用の1割を負担します。施設に入所する場合は食費を負担します。

12.3.4　介護保険の問題点

　介護保険が導入されてから約20年が経過し，その問題点が明らかになりつつあります。まず，高齢化等に伴い介護サービスへの需要が増加し，介護保険の財源問題が深刻化しつつあります。介護保険の被保険者が40歳以上であり，高齢者がかなりの割合を占めるため，保険料の大幅な引き上げは難しいと考えられています。対応策として，被保険者の年齢下限を20歳に引き下げる案も主張されています。

　また，介護施設が不足しており，必ずしも望みどおりのサービスが受けられるとは限りません。そのほか，介護サービスの提供者に支払われる介護報酬が決して高くはなく，このため介護サービス従事者の待遇が抑制され，低賃金や重労働，人手不足の問題が指摘されています。

12.4　雇用保険

　雇用保険とは，失業し，再就職の意思のある（求職活動を行っている）人に，一定期間給付を行う制度で，個人が失業して収入を失うリスクをカバーするために政府が運営している社会保険制度です。被保険者は，原則として雇用されている者すべてです。ただし，65歳を過ぎて新たに雇用された者，公務員など，雇用保険の被保険者とならない例外もあります。

保険料は，65歳以上は免除（2020年度より徴収予定），65歳未満は毎月の賃金総額の0.9%～1.2%（被保険者の従事する職種によって異なる）で，そのうち被保険者の自己負担は賃金の0.3～0.4%です。給付は，求職者給付，就業促進給付，雇用継続給付，教育訓練給付があります。

求職者給付は，被保険者の失業中の生活を保障するもので，年齢・離職理由・加入期間に応じて90～360日間，離職前賃金の50～80%相当額（ただし上限あり）が給付されます。

また，就業促進給付は，職業訓練や就職活動のための費用を給付するものです。

雇用継続給付とは，育児休業や介護休業，高齢者の再就職などに伴う所得の低下を補うための給付です。

教育訓練給付とは，一定の基準を満たす被保険者が職業能力向上のために教育訓練を受けた場合，その費用を助成するもので，教育訓練費用の20%，最大10万円が支給されます。

12.5　労働者災害補償保険（労災保険）

労災保険とは，業務上，もしくは通勤時の負傷，死亡，疾病，障害に対して保障を行うための制度です。被保険者は，原則として雇用されている者すべてで，保険料はすべて雇用主が負担します。保険料は，業種によって細かく分かれており，毎月の賃金総額の0.25%～8.8%です。従業員が100人以上など，一定の条件を満たす事業では，災害の多寡により保険料率が変化するメリット制が適用されます。また，給付は，療養給付，休業給付，介護給付，障害給付など（通勤時の災害に対する給付は「療養給付」「休業給付」などと呼ばれ，業務上の災害に対する給付は「療養補償給付」「休業補償給付」などのように「補償」の文言が加わります）です。

図12-2　**業務上疾病発生件数**

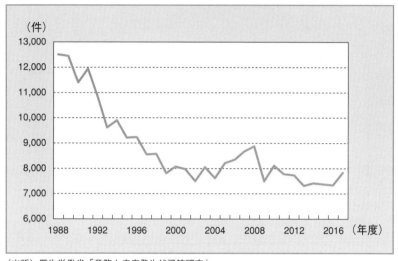

（出所）厚生労働省「業務上疾病発生状況等調査」。

　図12-2には業務を理由にした疾病の発生件数の推移が示されています。1988年と比較して，発生件数が3分の2程度まで減少していることがわかります。

　一方，図12-3には，過労死や自殺と関連の深い脳・心臓疾患および精神障害にかかわる労災補償件数が示されていますが，増加傾向にあります。すなわち，職場環境の改善により業務上の疾病の発生件数は減少していますが，過労死や自殺といった問題は必ずしも解決されていないことがわかります。

　また，これらの疾病は業務上の原因で発生したことを証明することが容易ではなく，遺族らが労災認定を求めて国を提訴するいわゆる「過労死裁判」が後を絶ちません。

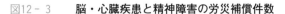

図12－3　　脳・心臓疾患と精神障害の労災補償件数

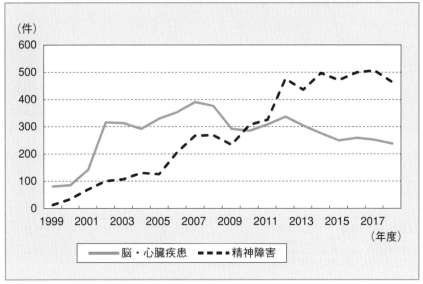

（出所）厚生労働省「脳・心臓疾患と精神障害の労災補償状況について」。

Challenge　　　　　　　　　　　　　　　　　　　　　挑んでみよう！

1. 公的健康保険や公的介護保険には，さまざまな問題点が指摘されています。
   どのような制度がより望ましいのか，考えてみましょう。
2. 公的介護保険が給付する介護サービスには何があるか，調べてみましょう。

1

1

第13章

年　金

　この章では，引退後の生活を支えるために非常に重要な公的年金の役割と課題について説明します。日本では，国民皆年金制度が実現しており，20歳以上の国民は国民年金（基礎年金）に加入することになっています。しかし，長寿化と少子化が進み，公的年金制度への心配は強まっています。老後の生活を支えるためにどのような年金制度に変えていくべきなのかをめぐって議論が続いています。

13.1　長寿化と老後生活の保障

　いろいろな人生パターンがありますが，最も普通なのは，学校を卒業してから65歳ぐらいまで現役として働いて所得を得て生活しながら，その間に所得の一部を貯蓄し，引退後にその金融資産を取り崩しながら生活していくものです。

　図13−1には，日本の男女別の65歳の人の平均余命（65歳の人があと何年生きられるか）の変化を示しています。1960年頃には，男性で12年，女性で14年程度でした。それが，最近では，男性で20年，女性で25年となりました。男性で8年，女性では11年ほども長くなりました。

　もちろん，長く生きられることは大変好ましいことです。しかし，引退後の期間が長くなるにつれて，その時期の生活をどのように維持していくか（老後生活の保障）という問題が深刻になってきます。1つの手立てとして，退職時期を遅らせることが考えられます。従来60歳での定

図13－1　　65歳の平均余命の推移

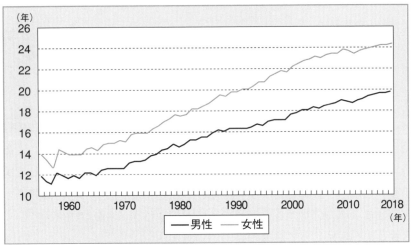

（出所）厚生労働省「平成30年　簡易生命表」。

年が多かったのですが，高年齢者雇用安定法が2004年に改正され，2014年からは原則として65歳までの雇用が義務付けられることとなりました。

　しかし，従来よりも多少長く働けたとしても，引退後の期間が20年以上あると考えておくべきことには変わりはありません。現在，年金を受給している高齢者世帯の収入の内訳を見ると，所得の全額が公的年金となっている世帯が半分以上（51.1%）です（厚生労働省「平成30年　国民生活基礎調査」）。

　現在の日本では，公的年金が老後の生活保障のための中心的な手段となっています。もちろん公的年金だけではゆとりのある生活を送ることは難しいので，第8章で説明した個人年金保険などの私的年金を利用している家計も少なくありません。しかし，私的年金は公的年金を補完するものとして利用するのが基本ですので，まずは公的年金についての理解を深めることから始めることがよいでしょう。

13.2　公的年金制度の概要

　日本の年金制度は，図13－2に示したような，「国民年金（基礎年金）」「厚生年金もしくは共済年金」「企業年金（厚生年金基金など）」の3層構造になっています。このうち，国民年金と厚生年金の2層部分が公的年金です。日本の公的年金は，①国民皆年金，②社会保険方式，③世代間扶養，という3つの特徴をもっています。

①　国民皆年金

　1961年に，すべての国民がいずれかの公的年金制度の対象になり，国民皆年金制度が実現しました。現在は，20歳以上60歳未満の人は公的年

図13－2　　**日本の年金制度の体系**

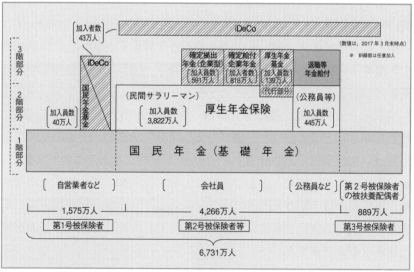

（注）　2015年10月から公務員や私立学校の教職員も厚生年金に加入。

（出所）厚生労働省『年金制度のポイント　平成30年度』

金である国民年金（基礎年金）に加入しなければなりません。国民年金の加入者は，自営業者などの第1号被保険者，サラリーマンの第2号被保険者，サラリーマンの配偶者である第3号被保険者の3つに分けられています。第1号被保険者は自ら保険料を納付します。第2号被保険者は厚生年金の保険料と一緒に給与から天引きされる形で納付します。専業主婦などの第3号被保険者は保険料の支払いが免除されています。国民年金の年間受取額は，40年加入し，65歳から受け取る場合で約78万円（2019年）です。

　民間企業に勤めている人や公務員は，基礎年金の上乗せ部分に当たる厚生年金（民間企業）や共済年金（公務員）にも加入することが義務付けられています。厚生年金の部分は納めた保険料に応じて異なります（報酬比例年金）が，標準的な厚生年金の受取額（夫婦二人分の老齢基礎年金を含むケース）は年間266万円（2019年）ほどです（厚生労働省「平成31年度の年金額改定について」）。

　年金への加入が義務付けられている理由としては次のようなことが指摘されています。

　第1に，多くの人は遠い先の老後のことを考えて，若いときに計画的に貯蓄するのが難しいのが普通です。いわば，強制的に老後のための貯蓄を行わせることで，老後の生活を確かなものにします。

　第2に，公的年金制度には所得再分配的な機能があります。つまり，障害があるなどの理由から保険料を支払えない人にも，一定の条件を満たせば年金を支給しています。こうした人では支払った保険料の割に，多くの年金を受け取ることができます。その反対側には，支払った保険料の割に受け取る額が相対的に少ない人も出てきます。任意加入にしておくと，高所得者ほど年金に加入しなくなり，所得再分配的な機能を果たすことができません。

　第3に，公的年金制度では，何歳まで生きていても，生きている限り年金を受け取れます。一方，早く死亡した場合には，そこで年金の給付

は終わります（小さい子供がいるなどの場合には，死亡した人の遺族への年金給付があります）。すると，任意加入なら，長生きしそうな人ほど年金制度に加入しますので，年金制度の支払いがかさみ，制度を維持するのが難しくなります。

②　社会保険方式

　日本の公的年金の２番目の特徴は，年金の原資をどのように集めるかの点で，社会保険方式がとられていることです。この方式では，人々は所得に応じた保険料を現役の時代に支払い，支払った保険料に応じた年金を老後に受け取ります。長い期間，高い保険料を支払った人ほど，受け取る年金額が増えます。逆に言えば，保険料を支払わなかった人は年金が受け取れません。こうした社会保険の仕組みは，給付と負担の関係が明確で，保険料を支払うインセンティブを与えます。なお，年金原資の調達方法としては，税方式という考え方もあります。これについては，あとで説明します。

③　世代間扶養

　日本の公的年金の３番目の特徴が，世代間扶養が原則とされているという点です。これは，現在の年金給付金を誰が支払ったかという問題です。今，年金保険料を払っているのは，その払い込んだお金が老後に戻って来るからだと思っている人が多いと思います。こうした方式を積立方式と呼びます。

　それに対して，日本で採用されている方式は，賦課方式と呼びます。これは，今日，現役世代のAさんが支払った保険料は，そのまま年金として今日の老人世代に支払われる制度です。そして，Aさんが年をとって年金をもらう側になると，その時点の現役世代が支払った保険料を年金として受け取るのです。賦課方式は，その時点での，現役世代の保険料負担により高齢者世代を支えるという世代間扶養の考え方を基本にし

ています。

　ただし，わが国の公的年金制度は賦課方式を基本としていますが，年金財政を概ね100年間で均衡させるために，現在は年金保険料の一部を積み立てて，年金積立金管理運用独立行政法人（GPIF）が株式等で運用しています。将来は，その積立金の運用益や積立金を取り崩して年金給付にあてていくことになっています。

13.3　高まる年金不信

　日本の老後の生活保障を支えている公的年金ですが，近年，今の年金制度が維持不可能となってしまうのではないかという，公的年金制度への国民の不信感が著しく高まってきています。

　年金不信の顕著な現れが，公的年金の未納問題です。国民の義務なのですが，国民年金の保険料を支払わない人が増えています。図13－3に示したように，かつてはほぼすべての人が保険料を納めていましたが，保険料の納付率は大きく低下し，現在では，支払うべき人の3人に1人は支払っていないという惨状になっています。

　とくに，若い人ほど未納率が高い傾向があります。若い人の未納率が高いのは，近年，派遣などの非正規雇用が増えて，所得が安定していない人の比率が上がっていることも大きな理由です。これは年金問題というよりも，現役世代の雇用問題として解決していかなければなりません。

　社会保険方式をとっていますので，保険料を納めない人には老後に年金が給付されません。現行制度では，国民年金は最低10年間，保険料を支払わないと，全く給付を受けられないことになっています。保険料を納付した月数で年金額が決まってきますので，納付月数が少なくなるとそれだけ受け取れる年金の額は少なくなります。たとえば，義務とされている40年間のうち，10年分だけ保険料を支払っている場合は，満額の

図13－3　　国民年金の納付率

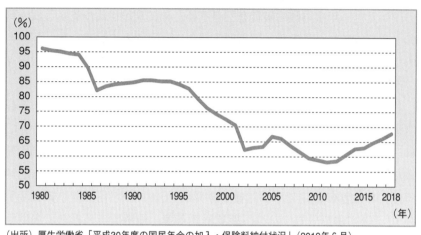

（出所）厚生労働省「平成30年度の国民年金の加入・保険料納付状況」（2019年6月）。

年金額の25％だけの年金を受け取ることになります。

　保険料の未納問題は，現時点で保険料が入ってきませんが，将来の年金支払いもなくなりますので，年金財政の破綻に直結するわけではありません。しかし，将来公的年金の受給資格をもたない，無年金の高齢者が多数でてきます。こうした高齢者に関しては老後生活の保障はありませんから，深刻な社会問題になることは確実です。

13.4　公的年金の改革

　政府は，公的年金制度を持続可能なものにするために，5年に1回，年金財政の見直しを行うことにしています。たとえば，平均寿命が伸びれば年金の支払いに必要なお金が増えますから，引退世代の1人当たりの年金給付額を減らすか，現役世代の年金保険料を引き上げるか，のどちらかが必要になります。

小泉純一郎内閣のもとで，2004年に大きな改革が実行されました。この改革では，年金財政の破綻を回避するために現役世代が支払う保険料の上限を固定し，その収入の範囲で給付を行うことにしました。保険料の上限を制限することは，保険料がどこまで上がっていくのかわからないという現役世代の不安感を緩和することになります。

　一方，給付額を抑えるために，マクロ経済スライド方式と呼ばれる仕組みが導入されました。これは，公的年金被保険者の減少と平均余命の伸びに基づいて，スライド調整率が設定され，その分を賃金と物価の変動がプラスとなる場合に改定率から控除するものです。たとえば，2019年度の年金額の改定では，物価変動率（1.0%）が名目手取り賃金変動率（0.6%）よりも高いため，新規裁定年金・既裁定年金ともに名目手取り賃金変動率がベースになり，スライド調整率（▲0.2%），およびマクロ経済スライドの未調整分の累計（▲0.3%）（＝前年度よりも年金額の名目額は下げないこととされているために，引き下げのできなかった分を繰り越している）を控除して0.1%の引き上げとなりました。確かに金額はわずかに増えていますが，物価上昇率を考えると，実質的な年金額は低下していることになる点には注意が必要です。

　もし平均余命や年金加入者数が想定した数値と異なると，年金財政が逼迫する恐れがありますが，この新しい制度ではスライド調整率が大きくなって，年金給付金の増額が抑えられますので，年金財政の悪化は避けられます。しかし，受給者の立場からいえば，実質的な年金受給額が減少するわけですから，生活は厳しくなります。

13.5　公的年金改革の論点

　2004年の改革では，「百年安心できる」年金制度の実現が目指されましたが，依然として国民の年金制度への不信感は根強く，年金制度のあ

り方が国政の最重要なテーマの１つとなっています。

　現在の年金制度の改革の論点は多岐にわたりますが，日本の年金の特徴である①国民皆年金，②社会保険方式，③世代間扶養，という３つの視点で整理してみましょう。

①　国民皆年金の問題点

　国民皆年金ということになっていますが，実際には，すでに無年金の人も多数生じています。他方で，国民年金の第３号被保険者（専業主婦など）は保険料を支払わないのに年金を受け取ることができるようになっています。専業主婦の無年金状態を解消する制度でしたが，パートなどで働く女性にとって，年金保険料の負担が生じる所得水準（現在130万円）が勤務時間の壁になっています。そのため，実質的に女性の社会参加を阻害しているのではないかといった議論や，専業主婦と働く女性との間での不公平の問題も議論されています。

②　社会保険方式の問題点

　現行の社会保険方式への批判です。年金保険料の支払方法には，社会保険方式と税方式があります。社会保険方式は各自が保険料を拠出し，それに応じて年金給付を受けます。したがって，保険料を納めていない人は老人になっても年金は受け取れませんし，保険料の納付期間や金額によって受取年金額が異なります。一方，税方式は，たとえば消費税のように税金で徴収したお金を原資にして，年金を支払います。したがって，老人になれば誰もが年金を受け取ることができます。

　社会保険方式は，年金を受け取るためには保険料をきちんと支払わねばなりませんので，自助努力を促すことになります。しかし，税金とは別の徴収システムを用意し，保険料を払わない無年金者が増えた場合に，そのままにしておけないといった問題があります。

　一方，税方式の場合には無年金の問題は起こりません。しかし，税方

式は，貢献（保険料分の支払い）と受取が対応しませんので，自助努力を阻害する可能性があります。さらに，年金を税金だけでまかなおうとすれば巨額の税負担が必要になります。また，すでに年金保険料を支払った人への補償をどうするかといった問題点もあります。

③　世代間扶養の問題点

　最後に，世代間扶養の考え方を基本にした賦課方式に関してです。賦課方式は，現役世代が今日支払った年金保険料のほとんどがそのまま高齢者の年金給付に使われる仕組みです。いわば自転車操業が常態です。

　一方，積立方式では，払い込んだ資金が残っていますので，賦課方式は非常に危うい仕組みのように思えるかもしれません。ただ，積立方式では，インフレが起こると積立金の実質価値が低下してしまい，老後の生活を保障することが困難になりますし，予想以上に長生きすると積立金が枯渇してしまうといった問題もあります。その点では，賦課方式はインフレに強いですし，長生きしても年金が受け取れます。このように，賦課方式にもメリットがあります。

　しかし，急速な高齢化・少子化が進むと，保険料の支払い者と年金の受取者の人数がアンバランスになります。現役世代が何人で高齢者1人を支えているかを示す指標として，20〜64歳人口の65歳以上人口に対する比率をみると，1950年には10人で1人を支えていましたが，2010年には2.6人で1人を支える状態となっています。そして，2060年には1.2人で1人を支えることになると見込まれています。

　賦課方式では，世代間の負担と受給の不公平が大きく，今のままの年金制度では，いずれ現役世代が保険料の支払い負担に耐えられなくなってしまうのは確実です。

④　老齢年金以外の公的年金

　以上に述べてきたように，公的年金制度にはさまざまな課題があるこ

とは事実ですし，若い学生の皆さんにとっては遠い将来の話にしか思えないかもしれません。しかし，国民年金には，高齢になった時に受け取る老齢年金以外に，若くして死亡した時に残された遺族が受け取れる遺族年金や，障害を負って働けなくなった際に受け取れる障害年金（障害等級１級の場合で年額約100万円）があります。

　第１章でも触れましたが，収入のない学生にとって国民年金の保険料を支払うことは負担が重いので，申請により在学中の保険料の納付が猶予される学生納付特例制度が設けられています。この申請をしておくと，年金保険料を支払っていなくても，障害を負ってしまった場合に，生涯にわたって障害年金を受けることができます。逆に，申請せずに，年金保険料が未納の状態になっていると，同じ障害を負っても，障害年金を全く受け取れません。現時点では保険料の納付が難しい学生の皆さんには，この学生納付特例制度を使っていただきたいと思います。

13. 6　企業年金

　図13 - 2に示したように，年金の第３層として企業年金があります。企業年金に対してもさまざまな公的な規制が加えられていますが，基本的に企業ごとの事情に応じて設けられているものです。老後の保障を約束することで従業員の会社への忠誠心を高めるだけでなく，長く勤務するほど有利な年金をもらえるようにすることで，優秀な人材の定着をはかれるなどの効果もあります。一方，経営体力のない中小企業では，そうした第３層の制度のないところもあります。

　現在，企業年金の代表的な制度には，厚生年金基金制度，確定給付企業年金制度，確定拠出年金制度などがあります。

　厚生年金基金制度は，厚生年金の一部を国に代わって支給する（代行給付）とともに，企業独自の上乗せ給付を行います。厚生年金の代行部

分の予定利率（2004年までは5.5%に固定）よりも高く運用できると，その差額は企業のものになりましたので，かつては，代行給付部分があることは企業にとってメリットでした。しかし，1990年代以降，低金利と株価の低迷が続くと，実際の運用利回りは予定利率を下回ることになってしまいました。するとその差額を企業が埋めなければならず，企業にとって重い負担となりました。そこで，2003年9月からは，確定給付企業年金法の制定により，代行部分を国に返し（代行返上），確定給付企業年金へ移行することも認められるようになっています。

確定給付企業年金制度は，厚生年金基金と異なり，国の厚生年金の代行を行わず，上乗せの年金給付のみを行う仕組みです。厚生年金基金制度は，代行給付があるために終身年金を原則とする等の制約がありましたが，確定給付企業年金では，労使の合意で柔軟に設計できます。

確定拠出年金は，アメリカの401k年金を参考にして，2001年に導入された新しい年金制度です。確定拠出年金には，3つの特徴があります。

① 企業は給付額を約束しておらず，給付額は実際の運用成績によって変わります。

② 運用の巧拙によって，受け取れる年金額が違いますが，その運用の指図は従業員自身がそれぞれに行うことになりました。したがって，同じ会社に勤めているAさんとBさんでも，運用指示の内容の違いで，受け取る年金額が異なります。

③ 個人別の勘定で管理されているので，企業を中途退職して別の会社に移っても，年金が継続できます。これをポータビリティと呼んでいます。

確定拠出年金制度が注目される理由を説明しましょう。確定拠出年金制度は，運用リスクが企業から従業員に移動した点に最も大きな特徴があります。

もともと企業年金は積立方式ですので，現役時代に資金を積み立ててそれを老後に支払うというのが基本構造です。その際，老後の給付額が

決まっていて，その給付額に必要な保険料を集めるのが確定給付型の年金制度です。ただし，今集めたお金は年金の支払時期まで運用できますので，将来100万円支払うために，今100万円集める必要はありません。いくら集めればよいかは，どの程度の利回りで運用できるかによって変わってきます。

　たとえば，10年後に100万円を支払う場合，２％の利回りを予定するなら82万円の保険料を集めなければなりませんが，５％の利回りなら61万円で済みます。かりに５％の利回りを予定して61万円しか集めなかったにもかかわらず，２％でしか運用できないと，74万円にしかなりませ

表13-1　　　**確定拠出年金制度のメリットとデメリット**

メリット	デメリット
• 加入者個人が運用の方法を決めることができる。 • 社員の自立意識が高まる。 • 経済・投資等への関心が高まる。 • 運用が好調であれば年金額が増える。 • 年金資産が加入者ごとに管理されるので，各加入者が常に残高を把握できる。 • 一定の要件を満たせば，離転職に際して年金資産の持ち運びが可能。 • 企業にとっては，掛金の追加負担が生じないので，将来の掛金負担の予測が容易。 • 掛金を算定するための複雑な数理計算が不要。 • 拠出限度額の範囲で掛金が税控除される。	• 投資リスクを各加入者が負うことになる。 • 老後に受け取る年金額が事前に確定しない。 • 運用するために一定の知識が必要。 • 運用が不調であれば年金額が減る。 • 原則60歳までに途中引き出しができない（退職金の代わりにはならない）。 • 勤続期間が３年未満の場合には，資産の持ち運びができない可能性がある。 • 加入者ごとに記録の管理が必要になるため，管理コストが高くなりやすい。

（出所）厚生労働省ホームページ。

ん。確定給付型の企業年金では企業がこの26万円の不足を穴埋めしなければならないことになっています。

　1990年代後半以降，金利がほとんどゼロとなり，株価も低迷すると，企業が当初に予定していた利回りを確保できなくなりました。そうすると，企業は多額の年金の不足額の穴埋めをしなければならず，企業の業績が圧迫されました。ところが，確定拠出年金制度では，運用成績による年金額の変動はすべて従業員の責任となります。もちろん，運用成績が良ければ従業員にとっても悪くありませんが，運用に失敗した場合に，老後の生活保障が十分ではなくなるという，老後の生活保障を目的にする年金制度にとっては致命的な問題があります。したがって，現時点では，あくまでも基礎年金，厚生年金の上乗せとして位置付けられています（詳しいメリット・デメリットは，表13－1にまとめてあります）。

| Challenge | 挑んでみよう！ |

1. 自分の国民年金の納付状況を確認してみましょう。もし保険料を納付するのが経済的に困難なときは，学生納付特例制度について調べてみましょう。
2. 年金制度が困難に直面していることから，さまざまな年金改革案が提案されています。それらについて調べて，それらが実施された場合，どのような影響が生じるのかを考えてみましょう。
3. 今後の年金財政を考える場合，将来の経済（経済成長率や金利など）や社会（定年の年齢や女性の社会参加率，平均寿命など）の状況に応じて年金財政の将来像が変わってきます。現在の政府の想定について調べてみましょう。

第14章

新しい保険の登場

　この章では，伝統的な保険の枠組みでは捉えきれないような新しい動きについて説明します。リスクを回避する手段として，保険以外にもさまざまな手段が開発されていることを紹介します。

14.1　天候保険と天候デリバティブ

　一部の企業や業種では，天候によって業績が左右されることがあります。たとえば，エアコンやビールなどは，夏の気温が高いほどよく売れますから，このような商品を製造販売する企業の売上や利益は夏の気温の上昇とともに大きくなると思われます。また，スキー場などのように積雪量が多いほど業績が良くなる業種もあります。

　日本を含め，地震が発生しやすい地域では，企業が大地震により直接被害（工場の損傷など）および間接被害（売上の減少など）を受けることが考えられます。業績が天候や地震によって左右されるリスクを企業が回避したいと考える場合，どのような手段が考えられるでしょうか。

　1つの手段として，保険が考えられます。夏季の低温や降雪量減少，台風などの異常気象や悪天候により，企業が本来得るはずの利益が失われた場合，その利益をてん補する天候保険と呼ばれる商品が存在します。

　天候保険のほかに，天候デリバティブという商品があります。天候デリバティブとは，天候が一定の条件を満たす（たとえば，特定の地点の特定の期日において，積雪量が一定以下である）場合に，デリバティブ

の売り手から買い手に所定の金額が支払われる金融商品です。地震についても同様の仕組みの地震デリバティブが存在します。

　たとえば，次のような形のデリバティブの活用が考えられます。

　海辺でホテルを経営するA社は，夏の気温が低いと海水浴客が減るため利益が減少します。そこで，夏の気温が低い場合に金銭を受け取ることができる天候デリバティブをB社から購入することにしました。

- A社はデリバティブの代金１億円をB社に支払う
- A社の所在地X市の８月の平均気温が28度を下回った場合，平均気温が１度低下するにつき5,000万円がB社からA社に支払われる

　この天候デリバティブの購入によってA社が得られる利益が図14－1に図示されています。A社は気温が28度を下回ると金銭を得ることができますが，デリバティブ代金１億円をすでにB社に支払っていますから，それを差し引いた額がA社の利益となります。平均気温が28度を上回ると，A社はまったく金銭を受け取ることができず，デリバティブ代金の１億円が損失となります。

　A社は，このデリバティブの購入によって，夏の気温が低い場合に金銭を得ることができ，この金銭で利益の減少を補うことができます。また，夏の平均気温が28度を上回るとデリバティブ代金がそのまま損失となりますが，夏の気温が高ければ，おそらくは客数が増加し，大きな利益を得られるためデリバティブ代金の損失を補うことができるでしょう。このように，A社は天候デリバティブの利用により，気温による収益の変動リスクを小さくすることができるのです。

　それでは，天候保険と天候デリバティブの違いは，どこにあるのでしょうか。天候保険は損害保険の一種で，被保険者が実際に被った損害額に等しい保険金が支払われる実損てん補の仕組みを採用しています。それに対して，天候デリバティブでは，所定の天候条件が満たされれば，

図14-1　　天候デリバティブの例

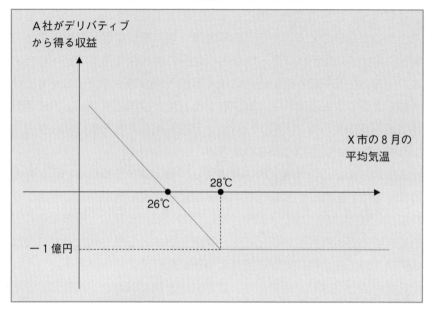

A社がデリバティブ
から得る収益

X市の8月の
平均気温

28℃

26℃

-1億円

被保険者が被った実損額とは無関係に，契約時にあらかじめ定められた
金額がデリバティブの売り手から買い手に支払われます。実損てん補の
しくみをもたない天候デリバティブは金融商品の1つではありますが，
もはや保険とはいえないのです。

　それでは，商品を利用する企業等の立場から考えるとどうでしょうか。
企業が天候保険や天候デリバティブを利用するのは，天候などによって
利益が変化するリスクを小さくすることにあります。リスク回避の観点
から考えると，天候保険のほうが優れていると言えるでしょう。天候保
険は実損てん補の商品ですから，天候保険を利用すれば，天候の変動に
よる収益の低下は保険金により完全に埋め合わされます。一方，天候デ
リバティブでは，実際の損失額と無関係に所定の額が支払われる（ある
いはまったく支払われない）わけですから，天候デリバティブからの受
取額が実際の損失額を下回ることや上回ることがあります（これをベー

シスリスクといいます）。

　すなわち，企業は天候不順による収益の低下を完全には埋め合わせることができないのです。先ほどの例では，仮に平均気温が24度であった場合，A社は天候デリバティブから１億円の純利益を得ることができます。一方，平均気温が低いことによる収益の減少額は，事前に完全には予想できず，かならずしも１億円ちょうどだとは限りません。仮に収益が２億円減少すれば，天候デリバティブを利用しても完全には収益の減少を補えないということになります。

　この点において，天候保険は天候デリバティブより優れているといえるでしょう。しかし，天候デリバティブにも大きな利点があります。それは，保険ではないため，保険会社以外の一般投資家や一般事業会社でも取引することが可能なことです。実際，日本でも電力会社とガス会社の間で上述のような契約が結ばれた事例があります（表14-１）。

　この契約が結ばれた背景には，夏の気温が高くなると，冷房による電力需要が高まり利益が増加する東京電力と，逆にガスの売上が減少することにより利益が低下する東京ガスの利害が一致したことがあげられます。気温が高くなった場合は東京電力から東京ガスに金銭が支払われ，東京ガスは減少した利益の一部を補うことができます。逆に気温が低い場合は，東京電力は減少した利益の一部を東京ガスから支払われる金銭によって補うことができます。

　つまり，この契約により，東京電力と東京ガスの双方が気温の変化に

表14-１　　**東京電力と東京ガスの気温リスク交換契約**

- 2001年８月１日から９月30日までの大手町での平均気温が基準気温を0.5度以上上回ると東京電力が東京ガスに所定の金額を支払う
- 基準気温を２度以上上回ると支払額は最大となり，この場合約７億円
- 平均気温が基準気温を下回った場合には，逆方向の支払いが生ずる

（出所）東京電力プレスリリース「夏季の気温リスク交換契約の締結について」。
　　　　http://www.tepco.co.jp/cc/press/01071001-j.html

よる利益の変動リスクを小さくすることができるのです。電力会社とガス会社の間でのこのような取引は，東京電力と東京ガスの組み合わせ以外にも行われています。

　保険会社以外にも一般投資家や一般企業が参入できるということは，市場規模が格段に大きくなるということです。市場参加者が多くなれば，それだけ競争が活発になり，利用者にとってコストが低減したり，商品内容がより使いやすいものになるということを意味します。また，先ほどの東京電力と東京ガスの取引のように一般企業同士が直接取引すれば，金融機関が介在しないため両者にとってコストが低くなるという利点があります。

　さらに，実損てん補の商品である天候保険は非常に複雑です。保険を引き受ける側は，天候についての知識はもちろん，異常気象によって実際に被保険者がいくらの損害を被るか予測したうえで，保険料を算出する必要があります。これには被保険者の経営内容等を詳しく知る必要があります。しかも，実際に保険金が支払われる際には，異常気象によって被保険者に生じた損失額を正確に算出する必要があります。

　企業の利益は天候以外にもさまざまな要因によって左右されますから，天候が原因となって生じた損失額を正確に知るのは容易ではありません。これらの情報を収集するには保険についての高度な専門知識・技術が必要だと思われます。

　その点，天候デリバティブを扱う際には，天候についての知識，情報は必要ですが，天候が企業の収益にどのように影響するかを予測したり，天候が原因で実際に生じた損失額を計算する必要がありません。そのため，保険に関する知識が乏しい一般投資家や一般事業会社でも市場に参入できるのです。実際，天候デリバティブはアメリカではすでに上場され，日本でも東京金融先物取引所（現：東京金融取引所）が気温先物取引の上場を検討したことがあります。

　ただし，日本では東京金融先物取引所の気温先物取引は上場が見送ら

れ，天候デリバティブは企業間で直接取引されています。特に損害保険会社が中小企業に天候デリバティブを販売するケースが目立ちます。

14.2　CATボンド

　CAT（キャット）ボンドとは，社債の一種で，あらかじめ定められた条件を満たす大災害等が発生した際に，利子や元本の一部あるいは全部の支払いを免除するなど発行企業に有利になる条件が付属したものです。大災害を意味する英語Catastropheから，CATボンドと呼ばれます。

　実際にしばしばCATボンドの対象となる災害として，地震やハリケーンがあげられます。地震等の災害により企業の収益が低下したり経営に悪影響が出ることがありますが，CATボンドの発行により，災害時に元利支払いの負担を軽減することができ，発行企業の経営の安定につながります。また，損害保険会社が，自ら引き受けた損害保険契約のリスクを他人に転嫁する手段として，再保険の代わりにCATボンドを発行することもあります。

　CATボンドの有名な例として，東京ディズニーリゾートの運営会社であるオリエンタルランドが1999年に発行した債券があります。具体的には，震源が地下101kmより浅い地震が償還までの間に発生した場合，東京ディズニーランドの所在地から震源までの距離とマグニチュードに応じて，最大100％の元本の支払いが免除されるものと，償還期間が延長されるものの2種類が発行されました。

　図14-2に前者の債券の仕組みが示してあります[1]。東京ディズニーランドの所在地を中心として半径10kmの円を最内円，半径50kmの円を内円，半径75kmの円を外円とします。最内円より内側で発生した場合は，図の一番左側の線に従って債券の元本の支払いが免除されます。

　この場合，マグニチュード6.5の地震の場合で元本の25%が償還免除となり，マグニチュードが0.1上昇するごとに免除の率が7.5%上昇します。マグニチュードが7.5以上の場合は元本の支払いが完全に免除されます。

　最内円と内円の間で発生した地震については図14－2の「内円」のグラフに従い，マグニチュード7.1の地震が発生すれば元本の25%の返済が免除され，マグニチュードが0.1上昇するごとに免除率が12.5%ずつ大きくなります。また内円と外円の間で発生した地震については「外円」のグラフに従って元本の支払いが免除されます。

　このような債券の発行により，オリエンタルランドは大地震の発生により来場者が減少して経営が影響を受けた場合でも，失った利益の一部を債券の償還免除により取り戻すことができ，また償還期間延長により当面の経営に必要な資金を確保することができるのです。このように発行者側に有利な条件が付帯する代償として，債券の所有者には通常より高い金利が支払われます。このCATボンドは，普通社債と地震デリバ

図14－2　　**オリエンタルランドの地震債券の仕組み**

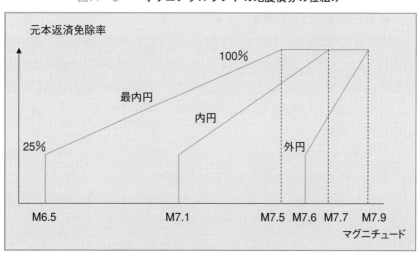

ティブを組み合わせた金融商品と考えることができます。

　CATボンドもまた，天候デリバティブと同様に，保険会社を通じないリスク回避の手段といえます。保険会社だけでなく，一般投資家が集まり競争の激しい社債市場で債券を発行することにより，発行者側により有利な条件でリスクを回避できる可能性が高くなります。また，投資家側の観点で考えると，CATボンドや天候デリバティブは，株式や社債，原油や農産物などの商品とは異なる価格変動をする点に魅力があると思われます。CATボンドのように，自然災害が起こる確率の変化により価格が変動する商品は，既存の金融商品にはあまりみられません。ファイナンスの基本原理に従えば，投資のリスクを小さくするためには，値動きの異なる多数の商品に分散して投資するのが有効です。既存の商品と値動きが異なる天候デリバティブやCATボンドは，分散投資の対象として魅力的なのです。

　ちなみに，オリエンタルランドの地震債券は，2004年に償還を迎えました。同社は，同様の債券を再び発行するのではなく，以下の2つの方法により地震リスクに対処することを選択しました[2]。

①　普通社債発行による資金プール

　満期5年の普通社債（発行総額200億円）を発行し，得られた資金を預金しておきます。地震発生以外の場合でも，同社の判断で資金を利用することが可能です。この社債はCATボンドとは違い普通社債ですから，地震の有無とは無関係に満期が到来すれば発行者は元本を償還する必要があります。

②　地震リスク対応型コミットメントライン

　コミットメントラインとは，企業等が必要なときに金融機関から融資を受ける権利（融資枠）を指します。金融機関に手数料を支払って，コミットメントラインを設定すれば，資金が必要となったときにいつでも

金融機関から借り入れが可能になります。ただし，通常のコミットメントライン契約では地震等の大災害が発生した場合は金融機関は融資を拒否できるとされています。この地震リスク対応型コミットメントラインは，融資枠100億円の設定がなされ，地震の場合でも融資が受けられるような契約になっています。

　先ほどの地震債券では，地震の発生の際には，オリエンタルランドは元本の支払い免除という形で利益を得ることができました。しかし，上の枠組みでは，同社は地震の際でも資金を確保することは可能ですが，いずれその資金を返済しなければなりません。このように見ると，リスク回避といってもその中身は実にさまざまであることがわかります。

　地震による損失を補填する必要があるのか，当座の資金需要を賄うだけの資金を一時的に確保すれば十分なのか，またその方法として保険，CATボンド，普通社債発行による資金プール，コミットメントラインと実にさまざまな手法があり，企業は自らにとって最適な手法を選択しなければならないということが理解できると思います。

14.3　生命保険分野の災害対応

　ここまでは，主に財産上の損害についてのリスク回避の手法を紹介してきました。それでは，生命保険の分野ではどうでしょうか。たとえば死亡保険の場合，災害による死亡は保険金が支払われる対象に含まれますから，契約者が災害に対して特別な対策を取る必要は少ないのです。生命保険の約款には，地震，噴火，津波，戦争等によって多額の保険金支払いが発生した場合には保険金を削減する可能性がある旨の記述がありますが，そのことを意識して対策を取る消費者はほとんどいないでしょう。

生命保険会社の立場で考えた場合，大災害によって多数の死傷者が発生し，生命保険会社の経営が揺るがされる心配がまったくないわけではありません。ただし，実のところ，防災対策が発達した先進国では，大規模な自然災害が発生しても，直ちに生命保険会社の経営に影響するような数の死傷者が出ることは少ないのです。

　たとえば，第二次大戦後に先進国で発生した最も死亡者数が多い自然災害は東北地方太平洋沖地震（東日本大震災）（死亡者・行方不明者数約19,000人）ですが，生命保険会社の経営に与える影響は大きくはなく，保険金は契約どおりに支払われています。大規模な被害が予想される首都直下型地震（東京の周辺でマグニチュード7程度の地震が発生する可能性があるとするものです）が発生した場合でも，推定死亡者数は最悪の条件下で約23,000人（発生時間・季節等により推定死亡者数は異なります）程度とされています（防災対策推進検討会議（2013年12月））。

　しかし，死亡率に影響を与えるのは自然災害に限りません。最近では，皆さんもニュース等で耳にしたことがあると思いますが，新型インフルエンザなど伝染病の大流行（パンデミック）リスクがしばしば指摘されるようになりました。厚生労働省の推定によれば，新型インフルエンザが日本で流行した場合，最悪のケースで死亡者数が64万人に達するとしています（厚生労働省「新型インフルエンザ対策行動計画」）。また，2003年の夏の異常高温により，欧州では数万人の死者が発生しています。

　このようなリスクに対する保険会社の備えとして，伝統的な再保険以外にも，生命保険リンク証券といわれる金融商品を発行する方法があります。この証券は，あらかじめ定められた地域の死亡率が一定率を超えると元利の返済が減免されるもので，CATボンドの生命保険版ともいえる金融商品です。

14.4　代替的リスク移転

　代替的リスク移転（Alternative Risk Transfer；ART）とは，主に企業のリスクマネジメントについて用いられる概念で，従来の伝統的保険商品以外によって企業がリスクを他の主体に移転する手段の総称です。

　狭い意味で用いられる場合は，天候デリバティブやCATボンドのみを指す場合もありますが，広い意味では，次に述べるキャプティブやファイナイト保険など新しいタイプの保険を含みます。

14.4.1　キャプティブ

　キャプティブとは，一般事業会社（および企業グループ）が，自らのリスクを引き受けさせるために設立した子会社の保険会社（キャプティブ保険会社），およびキャプティブ保険会社を利用したリスク管理のことを指します。

　キャプティブ保険会社とその親会社が保険契約を結ぶ，あるいは親会社が他保険会社と保険契約を結び，その保険会社がキャプティブ保険会社と再保険契約を結ぶなどの手段によって親会社のリスクをキャプティブ保険会社に移転させることができます。また，キャプティブ保険会社が親会社とは無関係の企業のリスクを保険，再保険の形で引き受けることも可能です。

　親会社は，自らが出資した会社に自らのリスクを引き受けさせるわけですから，本質的には，キャプティブとは事業会社が自らのリスクを保有し続けるのと同じことです。

　キャプティブの利点として，税制上有利であること，（事故が発生しなければ）グループ内部に資金が蓄積され，その資金を有効活用することが可能になること，また保険市場の動向に応じて，保険料の上昇・下

落に対応してキャプティブのリスク引き受けを増減するなど柔軟な対応が可能になることがあげられます。

　一方，損害保険会社は契約者へリスク管理，事故予防のアドバイスなどのサービスを提供することがあり，キャプティブではこのようなサービスを利用できないことにも留意する必要があります。

14.4.2　ファイナイト保険

　ファイナイト保険とは，保険会社に移転されるリスクが限定されている保険商品のことを指します。ファイナイト保険の典型的な例では，一般企業が保険会社に保険料を支払いますが，保険会社は保険料から手数料を除いた額を積み立てると同時に，保険事故が発生すれば保険金を支払います。保険期間中これを繰り返し，保険会社が支払った保険金が積立額より少なければ差額は契約者である企業に返還されます。逆に，保険金総額が積立額より多い場合には，一定限度まで保険会社が支払いを行います。

　これはすなわち，企業の損失が積立総額を超えた場合のみ（一定限度額まで）保険会社が負担し，損失が積立総額を下回る場合には企業が損失を負担することを意味します。保険会社から言えば，受け取っている手数料には，お金を預かっていることへの管理報酬と，保険料の部分とが含まれていることになります。

　たとえば，ファイナイト保険の積立額が毎年2,000万円，保険料払い込み期間が5年とすると，積立総額は1億円（実際には運用益が付加されます）になります。保険契約後2年目に1億円の損失（保険金支払い事故）が発生し，その後は保険金支払いは発生しなかったとします。保険契約を結ばなければ，企業は2年目に1億円の損失を計上する必要があります。

　しかし，このファイナイト保険契約を結ぶことにより，1億円の損失は保険金支払いでカバーされ，企業の純粋な支出（損失）は毎年2,000

万円の保険料だけでよいのです。つまり1億円の損失を5年間にわたり平準化して支払ったことになります。

　事故による損失の発生への対処法として，企業があらかじめ資金を積み立てておく方法や，損失が発生した時点で外部から資金を調達することも考えられます。しかし事故に備えた資金の積立は通常有税なのに対して，ファイナイト保険の保険料は経費として処理される（無税）のです。

　また，資本市場の状況によっては，事故が発生した時に迅速に外部資金を調達することが困難かもしれません。ファイナイト保険では，保険期間中の契約条件はあらかじめ決められていますから，このような心配をする必要はありません。

14.4.3　インシュアテック

　インシュアテックとは保険（インシュアランス）と技術（テクノロジー）の融合を表す概念です。たとえば，ウェアラブルデバイスを使って，日常生活における歩数や心拍数を計測し，その結果によって保険料が変化する医療保険がすでに市販されています。第10章で説明した，運転の丁寧さなどを計測して保険料を割り引くテレマティクス保険もインシュアテックの実用例といえます。また販売・契約面での応用例として，スマートフォンで契約が完結する，旅行傷害保険やごく短い期間（たとえば12時間）だけ有効な自動車保険などが販売されています。

Challenge　　　　　　　　　　　　　　　　　　　　　　　挑んでみよう！

1. あなたにとって身近な企業をいくつか取り上げ，それらの企業がどのような天候リスクに直面しているか考えてみましょう。

2. 天候デリバティブやCATボンドには，本文で触れたもの以外にもさまざまな例があります。具体的な取引例を調べ，発行者がどのような意図で天候デリバティブやCATボンドを利用したのか，考えてみましょう。

⑴　土方薫（2001）『総解説保険デリバティブ』日本経済新聞社，および経済産業
　　省「リスクファイナンス研究会報告書〜リスクファイナンスの普及に向けて〜」
　　（http://www.meti.go.jp/report/data/g60630aj.html）を参照。

⑵　オリエンタルランド「第六回普通社債の発行とコミットメントライン契約の締
　　結について」（http://www.olc.co.jp/news_parts/2004042001.pdf）詳しくは
　　国土交通省「交通分野におけるテロ被害に対する金銭的リスクマネージメントに
　　ついての調査」（http://www.mlit.go.jp/pri/houkoku/gaiyou/pdf/kkk63.pdf）
　　を参照のこと。（2019年11月19日閲覧）

第**15**章

私たちの生活設計と保険

　この章では，保険は私たちの生活に本当に必要なのか，なぜ保険を購入するのかについて改めて考えてみます。また，規制緩和が進み，さまざまな場所で，多様な保険商品を購入できるようになった現在では，どこで，どうやって，どのような保険商品を購入するのか，購入する保険会社の健全性は十分なのかなど，私たち生活者が保険を購入するときに考えなくてはならないことが今までよりも増えてきていることを確認します。

15.1　私たちの生活に保険は本当に必要なのか

　本書では，私たちは，生活するうえで，さまざまなリスクに直面していることを見てきました。たとえば，死亡するリスク，病気やけがをするリスク，介護状態になるリスク，（予定していたよりも）長生きするリスクを見てきました。また，自動車に乗るのであれば，交通事故に備えるために自動車保険に加入する必要があり，スキー・スノーボードをするのであれば，スキー保険に加入することもあります。私たちが日常生活の中で他人にケガをさせたり，人のモノを壊してしまったりして法律上の損害賠償義務を負う可能性があるので，個人賠償責任保険に加入するという選択肢があることも確認してきました。また，卒業旅行で訪れた海外の旅行先で病気になると，高額の支払いが必要になることがあり，旅行に出発する前に，海外旅行保険に加入することも一般的です。

しかしながら，上述のようなリスクに備えるための手段は，実は保険商品の購入だけではありません。表15-1は，多くの世帯が，病気や災害などのさまざまなリスクに備えて貯蓄をしていることを示しています。すなわち，貯蓄が十分にあれば，生活するうえで直面するさまざまなリスクに対する備えになります。リスクに対するこうした備え方は，本書の第1章の中でも，「リスク保有」として既に扱っています。極端なケースでは，大きなリスクも保有をできるという点で，大富豪などの貯蓄や所得が極めて多い人は保険を購入する必要がないことになります。

　一方で，日々ぎりぎりの生活をしている人は，保険を購入してリスクに備える余裕はないかもしれません。しかしながら，こうした人がリスクに備えるために，いくつかの政策的な対応が準備されています。たとえば，災害で住宅が被災した場合，国や地方自治体などからの生活再建に関する支援制度があります。そのおかげで，住宅に関する保険に加入する余裕がない人が被災した場合でも，国や地方自治体などからの生活再建の支援金が受けられます。

　ところが，国や地方自治体などから生活再建の支援が十分に得られるとなると，保険が購入できるにもかかわらず，あえて保険を購入しない

表15-1　　**貯蓄の保有目的（2018年）**

（単位：％）

	単身世帯	2人以上世帯
老後の生活資金	55.1	65.6
病気や不時の災害への備え	50.0	61.1
特に理由はない	27.7	20.7
旅行・レジャーの資金	22.8	13.7
耐久消費財の購入資金	11.0	15.4
住宅取得・改修の資金	7.0	11.7
こどもの教育資金	2.4	30.1
こどもの結婚資金	1.2	5.6

（注）　複数回答可。
（出所）金融広報中央委員会「家計の金融行動に関する世論調査」（2018年）。

人が出てくるという問題が生じることは容易に想像できます。そこで，生活再建に関する支援金など，国や自治体からの政策的な対応は，生活再建をスタートさせるために必要最低限のレベルに設定されています。つまり，元のように住居を再建したりしようとすれば，やはり貯蓄や保険といった自助努力が必要なのです。災害などに備えて十分な貯蓄がある人はごくわずかでしょうから，保険はごく平均的な生活を送る多くの人にとってリスクに備えるための有用な金融商品ということになります。

15.2　なぜ保険を購入するのか

　貯蓄や所得という点から，ごく平均的な生活をする人たちの中でも，保険を購入する人と，購入しない人がいるでしょう。たとえば，ある人は地震保険を購入する一方で，ある人は地震保険を購入しないということが起こります。地震保険を購入しない人はリスクを管理できない人なのでしょうか？

　実は，こうした人によって異なる選択の結果は，リスクに対する考え方の違いによって説明できます（詳しくはミクロ経済学や中級以上の保険の教科書の中で学習します）。このリスクが嫌だと思う程度（リスク回避度）は人によって違うので，支払ってもよいという保険料（リスクプレミアム）も人によって異なります。上述の所得や貯蓄以外にも，学生，社会人，独身，既婚，子供の有無など，同じ人でも置かれた状況によって，リスクが嫌だと思う度合いは変化していくものと考えられます。つまり，「隣の家の人が購入しているので私も地震保険を購入しなくては」とか，「他の人が地震保険を購入していないので私も購入しなくてもよい」というものではなく，みなさん一人一人が，自分の好みや置かれた状況に応じて保険の購入を検討する必要があるのです。

　ただし，学生の皆さんには，どのような時に保険を購入するのか，イ

メージがわかないかもしれませんので，保険を購入するタイミングについてお話しをしておきましょう。たとえば，生命保険分野の研究では，就職，転職，結婚，子供が生まれたときなど，生活に変化があったときに，保険を購入する傾向があることが明らかになっています。上述のように，就職したばかりのときは貯蓄も十分ではないので，医療保険を購入する人が多いようです。また，転職をすれば，所得や年金額，団体保険の条件などが変わるので，民間の生命保険会社で購入している死亡保険や年金を見直すこともあるかもしれません。また，結婚し子供が生まれると，扶養家族が増え，夫婦の働き方が変わることがあるので，死亡保険を見直すこともあるでしょう。

　損害保険についても，就職して通勤のために自動車を購入すれば，自動車保険が必要になるでしょうし，就職して一人暮らしを始める場合，賃貸住宅でも，物件を借りる場合に火災保険を購入することを求められる場合がほとんどですので，火災保険を購入することになるでしょう。住宅を購入すれば火災保険に加えて地震保険の購入を検討するかもしれません。

　また，会社の中で役員になれば，従業員として働いていた時とは違って株主代表訴訟によって，多額の賠償責任を負う可能性があるため，会社役員賠償責任保険を購入する必要があるでしょう。会社が会社役員賠償責任保険を準備してくれることが多いようですが，起業するのであれば自分でさまざまな保険の購入を検討する必要がでてきます。

　私たちは一定の年齢になると退職して，年金を受け取り，貯蓄を取り崩しながら生活することになります。高齢者は，退職後の生活のために金融資産を保有していますが，高齢になると，記憶力や判断力などのさまざまな能力や金融知識が低下することが知られています。高齢社会においては，高齢者の金融資産の管理や相続が社会的にも非常に重要な課題となりますが，高齢社会においても役割を発揮できるように，保険会社や保険商品は高齢化のニーズに合わせて進化していくことが期待され

ています。たとえば，高齢になると契約者本人が各種の手続きをするのが難しくなることから，指定された代理人が保険金を請求することができる代理請求制度がつくられました。また，死亡保険金が適切に使われるか心配な場合に備えて，生命保険信託を設定することも可能です（たとえば，死亡保険金を使って，子供が成人になるまで子供の世話をしてくれる人の口座に月々定額を振り込む契約）。このように，保険会社や保険商品も変わっています。

　以上見てきたように，所得，貯蓄，人の好みや年齢によって程度は異なりますが，早死にしてしまうリスク，想定していたよりも長生きしてしまうリスク，モノに損失が生じるリスク，モノではないが賠償責任が生じるリスクに対して，ほとんどすべての人に保険が必要なのです。

15.3　どこで保険を購入するのか

　それでは，私たちはどのように保険商品を購入しているのでしょうか。

　まず，保険会社の営業職員（セールスマン）が，自宅や職場に来ることが考えられます。こうした営業職員から，対面で商品に関する説明を受けて，保険を購入するのかしないのかを決めることになります。保険会社の営業職員は，自社の商品なので，その保険については詳しく知っているというメリットがあります。一方で，保険会社の営業職員は，自社の商品しか販売しないので，多くの保険商品の中から，最も自分のライフプランにあったものを選ぶことができないというデメリットがあります。また，営業職員は，自社の商品を是非販売したいという動機を持っていることにも注意が必要です。

　保険代理店の営業職員から，保険を購入することも考えられます。保険の代理店には，「専属代理店」と「総合代理店」の２つが存在しています。「専属代理店」は特定の保険会社の商品だけを取り扱っているた

め，保険会社の営業職員と同じような特徴（メリット・デメリット）を
もっています。

　総合代理店は，いくつかの保険会社の商品を取り扱っているため，1
つの保険会社の商品に十分に詳しくないというデメリットの一方で，い
くつかの保険会社の商品の中から，保険を勧めてくれるというメリット
をもっています。最近は，顧客にとって望ましい保険商品ではなく，自
分たちが保険会社から多くの手数料を得られる商品を顧客に勧めている
のではないかという懸念が生じたため，保険販売によって代理店が手数
料をいくら貰えるのかを開示すべきだという議論もあります。実際，海
外では，代理店が保険を販売する際に，顧客に手数料を示すことを義務
付けている国もあります。

　また，近年では，銀行が保険会社の代理店になっています。その結果，
銀行に立ち寄った際に，ついでに保険商品も購入することができるよう
になっています。銀行での投資信託の販売は普通のことになりましたが，
手数料収入の増加を目指す銀行は，保険販売にも力を入れていくようで
す。銀行窓口での保険販売は，保険料収入が大きくなる終身年金など貯
蓄性の保険が中心となるために，保険料は多額になる傾向があります。

　情報通信技術の発達で，インターネットなどの通信販売で保険を購入
することも可能です。通信販売で保険商品を購入することのメリットは，
営業職員・代理店手数料などが保険料に含まれないために，安く保険が
購入できることです。インターネット専業の生命保険会社の登場によっ
て，大手の生命保険会社も，保険料を7％程度下げるなど，価格競争の
兆しが見受けられますが（『日本経済新聞』2014年4月21日朝刊），こう
した競争によって，消費者はより安く，より良いサービスを享受できる
ようになることが期待できます。一方で，通信販売で保険商品を購入す
ることのデメリットは，商品についての詳しい説明を受けられないこと
でしょう。インターネットなどの通信販売で保険を購入するには，事前
に保険商品に対する最低限の知識が必要です。

表15－2　　　直近加入契約（民間保険）の加入チャネル

（単位：％）

	生命保険会社の セールスマン	通信販売	銀行や証券会社 を通じて	保険代理店や窓口の セールスマンを通じて	その他
1994年調査	88.0	0.7	1.9	2.9	6.5
1997年調査	88.5	0.6	1.2	4.0	5.7
2000年調査	77.6	3.3	1.3	8.8	9.0
2003年調査	71.8	5.7	1.7	6.7	14.1
2006年調査	66.3	9.1	3.3	7.0	14.3
2009年調査	68.1	8.7	2.6	6.4	4.9
2012年調査	68.2	8.8	4.3	6.9	3.2
2015年調査	59.4	5.6	6.3	13.7	4.1
2018年調査	53.7	6.5	5.4	17.8	5.6

（出所）生命保険文化センター　「生命保険に関する全国実態調査」。

　実際に，私たちがどのようなチャネルから保険に加入しているのかを見ていきましょう。表15－2は，生命保険会社のセールスマン（家庭や職場に来るセールスマン），通信販売（インターネット・テレビなど），保険代理店のセールスマン，銀行・証券会社に区分されています。まず，減少傾向にはありますが，2018年には，53.7％と多くの人が生命保険会社のセールスマンから保険を購入しています。

　最近注目されるのは，通信販売（6.5％），銀行・証券会社（5.4％），保険代理店の窓口やセールスマン（17.8％）から生命保険を購入することが多くなってきている点です。2007年12月には，銀行窓口で購入できる保険商品に規制がなくなりました。また，複数の保険商品を比較しながら保険を購入できる保険代理店・保険ショップの割合が急増するなど今後も，こうしたチャネルから保険を購入することが多くなりそうです。

　かつては，生命保険会社の営業職員などから保険を購入することが一般的でしたし，現在でも主要な位置を占めていますが，近年では，私たち生活者は，多様なチャネルから生命保険を購入するようになってきて

いることを見てきました。さらに，1996年の保険業法改正で，保険ブローカー制度がスタートしました。保険ブローカーとは，保険仲立人とも呼ばれて，「保険契約者と保険会社の間に立って，契約者のために最適な保険契約の締結の実現に向けて尽力する者」のことです。厳密に言うと，代理店は保険会社の代理人であり，私たちのためではなく，保険会社にとって都合のよい商品や自分たちの手数料が増える商品を勧めてくる可能性がありますが，保険ブローカーは私たち保険契約者の指名人であるため，私たちにとって望ましい保険を探してきてくれるといわれています。アメリカなどではすでに一般的な制度になっていますが，保険会社から独立している保険ブローカーを利用して，私たちのニーズに応じた保険商品を勧めてもらうことも１つの方法です。

　一方，損害保険は，ほとんどのタイプの商品について90％以上の人が，代理店から保険商品を購入しており，新しい販売チャネルは伸び悩んでいます（損害保険協会「募集形態別元受正味保険料割合表　2018年度」）。これは，金融商品的な性格の強い生保商品と違って，損保商品の場合，事故時の支援や処理対応などの点で対面型の販売チャネルが顧客に好まれるためだと考えられます。

15.4　何に気をつけて保険を選んだらよいか

　本書を読み進めてきた読者は，すでに保険に関して基本的な知識を持っているはずです。そこで，実際に保険商品を購入する際に気を付けるべきことについても確認しておきましょう。

　まず，第１に，自分の生活の中での保険の必要性についてできるだけ正確に認識する必要があります。私たちが物事を判断するときに，「ほとんど起こらないことを頻繁に起こることのように感じてしまう」，「頻繁に起こることをほとんど起こらないことのように感じてしまう」こと

を自覚しておく必要があるでしょう（詳しくは「行動経済学」という分野で学習します）。たとえば，飛行機が墜落することはほとんどないのに，飛行機に搭乗するときに「この飛行機が落ちたらどうしよう」などと考えたことがある人もいるでしょう。飛行機に乗れないから新幹線で移動しようとか，海外へ出かけるのをやめようという人も実際にいます。

　また，私たちは，過去の経験に引きずられて意思決定をしてしまう傾向があることも指摘されています。たとえば，低地に住んでいて，水害に遭ったことがある人が，高台へ引っ越したにもかかわらず，水害に関する保険を購入するということも起こるかもしれません。つまり，私たちにはリスクの認識に関するバイアスがあるため，不必要な保険を購入してしまっていたり，飛行機事故に比べて頻繁に起こる自動車事故に対してのリスクを甘く見積もり，必要なのに保険を購入していないことが生じてしまっているかもしれません。私たちの生活の中で，どの程度の確率で，どのような事故が発生し，どれくらいの損失が生じるのか，もう一度確認してみるとよいかもしれません。

　第2に，保険商品についての情報が必要になります。保険を選ぶ際に参考になる情報源として，今の時代であればインターネットがあるでしょうし，営業職員や代理店に相談するということもできるでしょう。生命保険であれば，公益財団法人・生命保険文化センターや生命保険協会に，生命保険の加入などに関する相談窓口があります。損害保険については，損害保険協会に，損害保険の加入などに関する相談窓口があります。保険加入は，金融資産の選択ですから，ファイナンシャル・プランナー（FP）に相談するのもいいかもしれません。他にも，書店に行くと，「賢い保険選び」といった類の書籍や雑誌が売られています。保険を購入する場合，こうしたものを読んで，どのような保険商品があるのかについて，事前に知っておくとよいでしょう。

　第3に，実際に保険を購入する際に注意しないといけないのは，営業職員や代理店から情報収集する際に，勧められるままに保険購入するの

ではなく，本当に自分のニーズに合っているのかを考えて，いくつかの保険商品の中から比較検討する必要があるということです。場合によっては，保険商品を購入しないという選択が望ましいこともあるでしょう。こうしたいくつかの選択肢の中から，自分のニーズに合った商品について，営業職員や代理店から説明を受けて，内容を良く理解してから保険を契約するべきです。

　保険会社の破綻が，保険契約者に大きな影響をもたらすことは，繰り返し見てきたとおりです。そこで，第4に，保険を購入する際に，気をつけなくてはならないであろうことは，私たちが購入する保険商品を販売している保険会社の健全性です。

　一般の会社と同様に，保険会社の健全性は，基礎利益などの保険会社の財務諸表を見ると，ある程度わかります。しかしながら，私たち一般の生活者は，企業の財務諸表を見て，企業の健全性が正確に判断できるほど，会計の知識をもっていないのが一般的です。

　保険会社の健全性を判断するための指標として，ソルベンシー・マージン比率があります。この比率が200％を下回ると，金融庁の早期是正措置が発動されるようになっています。逆に言えば，200％以上の数値があれば，保険会社の健全性に問題はないと判断することができそうです。ところが，注意しなくてはならないのは，過去に破綻した保険会社の多くは，早期是正措置の発動基準である200％を超えていましたので，破綻予測という点で万能ではないことがわかります。

　格付けを基準にして，保険会社の選択を行うことも考えられます。たとえば，2008年10月10日に破綻した大和生命の格付け（保険金支払能力格付け）は，格付投資情報センター（R&I）によって，投機的格付けと呼ばれる格付けが与えられていました。さらに，破綻直前の2008年10月1日に，大和生命の格付けは，BB－からBに格下げされていました。大和生命の破綻について，格付投資情報センター（R&I）で大和生命の格付けを変更した人たちの判断は正しかったと言うことができます。こ

のように，格付け会社では，保険会社の健全性を分析している専門家が格付けを行っているうえに，ＡＡＡやＢＢＢのようにわかりやすい指標で，保険会社の健全性が判断できるので，私たちが保険を選ぶ際にも非常に有用です。

　ただし，格付けの利用にも限界があります。第1に，格付け会社がいつも正しい判断を行えるとは限りません。格付け会社も誤るかもしれません。問題が発覚して，それを後追いする形で，短い期間に大きく格付けが下げられることもあります。第2に，生命保険はとくに長期の契約になります。10年後，20年後の会社の経営状態を正しく予想することは困難です。かりに現在の経営状況が格付けに正しく反映されているとしても，実際に保険金を受け取る遠い将来の経営がどうなっているかまで，その格付けで知ることは困難です。

　かつては，どの保険会社で保険を購入しても，保険料も保障内容もほとんど変わらなかったため，友人や知人，親戚がその保険会社・代理店に勤めているからなど，義理や人情を基準にして保険会社や保険商品を購入する時代がありました。しかし，現在は健全性も保険商品の特徴も，保険会社ごとに大きく異なっています。さらに，私たちのライフスタイルも多様になりましたので，数多くの保険商品に関する情報を入手し，その情報に基づいて保険商品を購入し，その選択については個人が責任を負う時代になってきています。

　第5に，生命保険商品を購入する際には，インフレーションについて考慮する必要もあります。わが国では，第二次世界大戦の敗戦による資産の毀損や，戦後の激しいインフレーションによって，生命保険会社はもちろんですが，生命保険の契約者も，大きな打撃を受けました。

　生命保険の商品の多くは，額面金額が固定されているものが多く，インフレーションの影響を受けやすいことに注意をする必要があります。たとえば，年7％のインフレーションが続いたとすると，10年間に，保険金額の実質的な価値は半分になってしまいます。期間が長い生命保険

や年金に加入する場合は，インフレーションによって，実質的な保険金額が減少するかもしれないことを考慮する必要があります。2019年8月現在，政府や日本銀行は，年率2％の物価上昇を目標としていますが，これが安定的に達成されていくと，額面で固定されている私たちの保険契約の価値が徐々に減少していくことを意味しています。そのため，逓増定期保険特約といったインフレーションにある程度対応できる生命保険も登場しています。

　最後に，企業保険について触れておきます。本書では，「企業が購入する保険」である，海上保険や会社役員賠償責任保険などについても簡単に説明しましたが，主に「家計が購入する保険」を中心に説明してきました。しかし，「企業がなぜ保険を買うのか？」，「企業はどのようにして保険を買っているのか？」は，非常に重要な問題です。

　本書は初学者に焦点を当てていますが，もう少し進んだ内容の保険や金融の教科書の中では，上場企業が保険を購入すると，企業価値が高くなることがあるので株主にメリットがあると説明されています。また，一般に家計が購入するイメージが強い生命保険ですが，中小企業でも購入されることもあります。資金が急に必要になった場合，その生命保険を解約して保険金を手にして，支払いをするといったことが行われていたり，役員の退職金のために生命保険が購入されていることもあるようで，こうなると生命保険は企業金融の便利な道具として利用されていることになります。近年は極端な節税目的の生命保険が販売されるようになったため，解約返戻率などが規制されるようになりました。いずれにしても，保険は私たちの日常生活に身近であるばかりではなく，企業活動にも非常に重要な役割を果たしているのです。このようにして，保険という分野は，非常に奥が深く広がりのある面白い分野だと感じていただけると思います。

　「企業と保険」の関係は非常に興味深く，みなさんが企業で働く際にも重要な話のはずなのですが，これ以上は初学者・生活者に焦点を当て

た本書の範囲を超えてしまいます。そこで，巻末の「今後の学習のために」の中で，保険や金融の書籍を紹介していますので，これらを参考にしながら学習を進めていってもらいたいと思います。

Challenge	挑んでみよう！

1. あなたは，どのくらいの所得や貯蓄が必要だと考えていますか。生命保険文化センターや金融広報委員会のホームページを見て，世帯の貯蓄や生命保険，年金などの金融資産の平均について調べてみましょう。
2. 50％の確率で1万円，残りの50％の確率で5万円貰えるくじと，確実に3万円貰えるくじの2つがあったとします。あなたはどちらを選びますか。
3. あなたの家では，どのような保険を購入しているのかを調べてみましょう。

今後の学習のために

　本書は，はじめて保険を学ぶ人に，保険の諸問題の概要を知ってもらうという意図で執筆しました。そのため，分量も半年の講義で扱える範囲に限りました。

　本書を読んで，保険を本格的に勉強してみたいと思ってくださる読者がいれば，筆者たちにとっては大変な喜びです。そうした読者には，次のような本をお勧めします。

　いずれも，私たち筆者がこれまで保険論を勉強するために読んできたもので，本書を執筆するために参考にしたものでもあります。

ERM経営研究会『保険ERM経営の理論と実践』金融財政事情研究会，2015年。

可児滋『金融と保険の融合』金融財政事情研究会，2013年。

下和田功編著『はじめて学ぶリスクと保険（第4版）』有斐閣，2014年。

田畑康人・岡村国和編著『読みながら考える保険論（増補改訂第3版）』八千代出版，2018年。

田村正之『人生100年時代の年金戦略』日本経済新聞出版社，2018年。

中出哲・中林真理子・平澤敦監修，損害保険事業総合研究所編『基礎からわかる損害保険』有斐閣，2018年。

水島一也『現代保険経済（第8版）』千倉書房，2006年。

柳瀬典由・石坂元一・山﨑尚志『ベーシック＋　リスクマネジメント』中央経済社，2018年。

米山高生『リスクと保険の基礎理論』同文館出版，2012年。

　また，保険市場の最新の状況を知るには，生命保険協会，損害保険協会，生命保険文化センター，損害保険事業総合研究所，生命保険契約者

保護機構，損害保険契約者保護機構，損害保険料率算定機構，日本銀行，金融広報中央委員会，金融庁，厚生労働省などのホームページも有益です。本書で引用している各種の統計数字の最新版もこうしたホームページから得ることができます。

索 引

233

■執筆者紹介（五十音順）

浅井　義裕（あさい　よしひろ）　　　　　　　　　　　　第6・7・15章
明治大学商学部教授
2006年　名古屋大学大学院経済学研究科後期博士課程修了，経済学博士（名古屋大学）
2006年　城西大学現代政策学部助手，2010年　同助教
2012年　明治大学商学部専任講師，2016年　同准教授，2021年　同教授，現在に至る。
［主要著書］
『中小企業金融における保険の役割』中央経済社，2021年。

小林　毅（こばやし　たけし）　　　　　　　　第9・10・11・12・14章
中京大学経済学部教授
1997年　名古屋大学大学院経済学研究科博士後期課程単位取得退学，経済学博士（名古屋大学）
2000年　中京大学経済学部助教授，2009年　同教授，現在に至る。
［主要著書］
『金融論入門』（共著）中央経済社，2002年。

林　晋（はやし　すすむ）　　　　　　　　　　　　第1・2・3・8章
元・名古屋大学客員教授
1978年　中央大学理工学部を卒業後，民間にて保険調査・研究を行うとともに，名古屋大学客員教授などとして保険教育にも携わり，現在に至る。
［主要著書］
『保険制度の新潮流』（共著）千倉書房，2008年。

家森　信善（やもり　のぶよし）　　　　　　　　　　第1・4・5・13章
編著者紹介参照

■編著者紹介

家森　信善 (やもり　のぶよし)

神戸大学経済経営研究所教授。経済学博士（名古屋大学）

1963年，滋賀県に生まれる。1988年，神戸大学大学院経済学研究科博士前期課程修了。コロンビア大学客員研究員，サンフランシスコ連邦準備銀行客員研究員，名古屋大学教授などを経て，現在に至る。

現在，日本金融学会・常任理事，日本保険学会・理事，財務省・財政制度等審議会委員，経済産業省・産業構造審議会臨時委員（金融小委員会委員長），金融広報中央委員会委員，損害保険事業総合研究所・非常勤理事，生命保険協会・代理店業務品質審査会委員などを勤めている。これまでに，金融庁・参与，金融庁・金融審議会委員，金融庁・火災保険水災料率に関する有識者懇談会委員，生命保険文化センター・非常勤理事，日本FP協会・非常勤理事などを歴任。第1回簡易保険文化財団「優秀研究賞」，第10回日本FP学会・最優秀論文賞など受賞。

[主要著書・論文]

『生命保険金融の経済分析』千倉書房，1995年

"Japanese Insurance Market and Companies," J. David Cummins and Bertrand Venard (eds.) Handbook of International Insurance, Springer Science 2007.

"Does Regulation Benefit Incumbent Firm? An Investigation of Japanese Insurance Market Deregulation," Journal of Insurance Regulation 22(4), Summer 2004.

"Do Japanese Insurers Benefit from a Catastrophic Event?" Journal of Japanese and International Economies 16, 2002.

"An Empirical Investigation on Japanese Corporate Demand of Insurance," Journal of Risk and Insurance 66, 1999.

はじめて学ぶ

保険のしくみ（第3版）

2009年4月30日	第1版第1刷発行
2014年3月25日	第1版第5刷発行
2015年3月20日	第2版第1刷発行
2019年1月10日	第2版第3刷発行
2020年3月5日	第3版第1刷発行
2023年6月5日	第3版第3刷発行

編著者　家　森　信　善
発行者　山　本　　　継
発行所　㈱中央経済社
発売元　㈱中央経済グループ
　　　　パブリッシング

〒101-0051　東京都千代田区神田神保町1-35
電　話　03 (3293) 3371(編集代表)
　　　　03 (3293) 3381(営業代表)
https://www.chuokeizai.co.jp
製版／三英グラフィック・アーツ㈱
印刷／三　英　印　刷　㈱
製本／㈲井　上　製　本　所

© 2020
Printed in Japan